跨学科课程丛书　　杨四耕　　主编

大情境课程
主题设计与创意评价

叶盛富◎编著

华东师范大学出版社

编委会

跨学科课程：学校课程变革的时代走向 ⚐

课程即科目，课程即知识，这种观念在人们的心里根深蒂固。其实，自古以来，课程就是"无学科"的，只是后来才发生了分化。古代社会的课程是以综合为特征的，专门化程度很低，与严格意义上的分科课程根本不能相提并论。换言之，原始的课程其实是"跨学科"的，是以人们对自身和外部世界的初态认识为基础的，学科分化是近现代以来的教育杰作。今天的跨学科课程是课程发展过程的否定之否定，是对此时代复杂问题的一种教育回应。

什么是跨学科？20 世纪 70 年代，很多学者从不同视角对这个概念进行了界定。奥地利学者埃里克·詹奇(Erich Jantsch)将教育或创新组织看作一个自上而下的金字塔系统：目的层次、规范层次、实用层次、经验层次。詹奇认为，对于每一组相邻的层次而言，上一层次都赋予了下一层次目的性意义，而跨学科就是在相邻的高层次目的指导下，低层次中不同学科间的协调。通过多个层次目的的协调，最终得出适用于整个系统的共同目标，该共同目标可更好地协调整个系统以适应外界的变化。因此，跨学科的"跨界"属性是明显的，具有纵向协调和横向互动特征。

何谓跨学科课程？我们认为，跨学科课程是整合两种及以上学科的观念与方法，以解决真实问题为抓手，进而催生跨学科思维的一种课程范式。从"目的—手段"维度看，跨学科课程以获得跨学科思维为目的，以跨学科观念和方法为手段，以解决真实问题为中介。它既是一种以跨学科思维为取向的课程理念，又是一种综合探究性质的课程形态。

一、 跨学科课程是以跨学科思维培育为取向的课程

跨学科思维是一种整合思维，它通过移植、共融、联动、互补的作用机制实现

学科整合,这些机制的本质就是跨学科思维,跨学科课程正是以这种整合思维实现对真实问题的解决。跨学科思维是高阶整合思维,具有跨学科的问题意识、边界识别意识以及领域互动意识等思维特征。

跨学科课程着眼于跨学科思维培育和整体性人格培养。英国哲学家怀特海(Whitehead,A. N.)说:"教育只有一个主题,那就是五彩缤纷的生活。但我们没有向学生展现生活这个独特的统一体,而是教他们代数、几何、科学、历史,却毫无结果;……以上这些能说代表了生活吗?充其量只能说,那不过是一个神在考虑创造世界时他脑海中飞快浏览的一个目录表,那时他还没有决定如何将它们合为一体。"怀特海的观点是令人深思的:学科是单向的,生活实施完整的;学科不代表生活,生活需要智慧。联合国教科文组织国际教育发展委员会在《学会生存——教育世界的今天和明天》中指出:"目前教育青年人的方式,对于青年人的训练,人们接收的大量信息——这一切都有助于人格的分裂。为了训练的目的,一个人的理智认识方面已经被分割得支离破碎,而其他的方面不是被遗忘,就是被忽视;不是被还原到一种胚胎状态,就是随它在无政府状态下发展。为了科学研究和专门化的需要,对许多青年人原来应该进行的充分而全面的培养被弄得残缺不全。为从事某种内容分得很细或者某种效率不高的工作而进行的训练,过高地估计了提高技术才能的重要性而损害了其他更有人性的品质。"因此,超越学科,走向生活,推进跨学科课程是学校课程变革的一个走向。

二、 跨学科课程是以解决真实问题为抓手的课程

化静态为动态、化抽象为具体、化知识为智慧,跨学科课程首先表现为课程内容的这些改变。同时,运用跨学科观念,解决真实问题,发展学习者的跨学科理解力,跨学科课程本质上是学习场景与方式的变革。在这里,学习即探究、即行动、即跨界、即问题解决。作为学习方式,跨学科课程突破了行为主义学习理论将学习视为行为刺激与改变的观点,也突破了认知学习理论将学习视为信息加工、存储与提取的个体认知过程的见解。跨学科课程视学习为发生于具体情境中的社会关联实践,是具体的、鲜活的,是多维社会关联与交往互动的。跨学科课程是一种解决真实问题的实践活动,具有实践性、情境性和社会性特征。

2015 年,联合国教科文组织通过的《教育 2030 行动框架》将社会情感学习提上全球教育政策议程:教育不仅仅要关注认知学习,更要关注儿童识别和管理情绪、关心他人、做出负责任决定、建立积极人际关系及巧妙应对挑战性情境等社会情感能力的培养。所谓社会情感能力,就是学生在处理与自我、与他人以及与社会的关系中敏锐觉察和妥善应对的能力,其中既关涉"知道如何"的问题,又关涉"实践如何"的问题,是"认知"和"行动"的有机统一。佐藤学说:学习是建构客观世界意义的"认知性实践",建构伙伴关系的"社会性实践",探索自我的"伦理性实践"。把学习视为一种实践,一种建构客观世界的意义实践、编织自我同他人关系的交往实践、探索自我价值的生命实践,这是跨学科课程丰富多彩的学习面貌。

三、 跨学科课程是以跨学科观念和方法为手段的课程

世界的整体性、复杂性需要跨学科观念和方法,需要学科间的融合与渗透。法国学者博索特曾把跨学科方法分成三种类型:一是线性跨学科,即把一门学科的原理运用到另一门学科中的做法;二是结构性跨学科,即在两门或两门以上的学科结合中产生新的学科;三是约束性跨学科,即在一个具体目标要求的约束下,实现多学科的协调和合作。跨学科观念和方法是两门或两门以上学科之间相互作用的一种观念和方法。这种相互作用可能从简单的观点交流到在一个领域内组织概念、方法论、认识论、术语、数据、研究和教学组织之间的相互融合,包含不同学科门类之间、学科和生活之间、自然科学和社会科学之间的多种合作形式。从跨学科的作用机制看,跨学科观念和方法比较有利于解决复杂问题。如果说单一学科方法旨在解决单一领域内的问题的话,跨学科方法则旨在整合不同学科观念和方法用以解决综合性的真实问题。

依据学科之间的整合程度与行动特性,我们可以将跨学科课程分为三种实践形态。一是多学科课程。多学科课程是在保留学科界限的前提下,用多个学科的视角、观念和方法探究一个问题或主题,由此催生多学科理解的课程实践形态。多学科课程的特点是既保持学科原有的逻辑体系,又在学科之间建立联系。二是融学科课程。融学科课程是将两种或两种以上学科融合起来,模糊学科界限以生成新的思维逻辑,在探究一个问题或主题中催生融学科理解的课程实践形态。如

艺术课程融合了音乐、美术、戏剧、舞蹈等学科,就可以被视为融学科课程。三是超学科课程。超学科课程是跨越所有学科的界限,围绕共同主题展开探究性学习,在解决问题的过程中发展超学科理解力。如综合实践活动课程就属于超学科课程范畴。

当然,学科课程与跨学科课程是相对的,二者并不是对立的,而是相互嵌入、相得益彰的。只有当学习者充分理解了学科逻辑、具备了学科思维,才能在不同学科之间建立内在联系,进而创造性地解决复杂的真实问题,发展跨学科观念和能力。同时,任何一门学科课程,只有与真实的生活世界发生联系,在学科之间建立起了真正的联系,才能充分发展学习者的学科素养。

杨四耕

2020 年 4 月 8 日于上海市教育科学研究院

目录

第三篇　感受亲情的伟大

亲情在每一个人的心中都存在着。一提起亲情,就让人感受到亲切、温暖。亲情,一份多么伟大的力量啊!

第四篇　感恩,柔软而神奇的力量

感恩,柔软却有着神奇的力量。我们开展感恩主题活动,让一棵小树、一滴水,都成为感恩的对象;让一个微笑,一次敬礼,都化作感恩的行为。

第五篇　优雅是不会褪色的美

言有礼,行有规,讲文明、守秩序、讲公德,这便是优雅。你养在体内的优雅,即便繁华落尽,岁月不居,都不能抹去。

第六篇　轻叩艺术的大门

琴弦上跳跃,歌声里飞扬,光影中陶冶,笔墨间舒卷……轻叩艺术的大门,让儿童在艺术世界中载歌载舞,熏陶人性,健全人格。

第七篇　最生活、最儿童的民风民俗

　　民族的，才是世界的；民族的，才是悠久的。传统节日凝结着中华民族的精神与情感，有着最生活、最本真的内在情愫……

第八篇　在创意秀场中冲浪

　　贴近儿童，秀出兴趣；一枝独秀，秀出质量；游走天地，秀出信心。我们于创意秀场中冲浪，最有意义、最有意思的学习在这里展现。

第九篇　我的生活我做主

刷牙洗脸,我能行;收拾整理,我拿手;端茶倒水,我会做;垃圾分类,我内行……衣食住行,家里家外,我们微笑着递上自己的"金名片"。

前言

大情境课程：把最温暖的记忆留给儿童

温州育英国际实验学校从 1996 年办学以来，先后被省教育厅授予"浙江省 I 类标准化学校"，被省教育厅、体育局授予"浙江省体育特色学校"，被市教育局授予"艺术教育特色学校"，被温州市教育局授予"素质教育示范学校"，"三小"（小文学家、小数学家、小科学家）培育基地，被省教育厅评为"浙江省艺术教育特色学校"，被授予"温州市民办教育综合改革试点窗口学校"。我校多年来积极探索满足学生多样化发展的需求，促进特色学校的建设——丰富多彩的课程体系建设。我们把"力争让每一个孩子的每一方面的个性特长在学校都能找到发展空间"，作为学校课程建设的追求目标，以实现我们的办学愿景：办温暖教育，建和谐校园，铸百年品牌。

2013 年，学校以"追求卓越，建设温暖校园"为文化统领，狠抓学校文化建设，发挥正能量，打造软实力，用前瞻性的教育理念引领学校登高远望。我们坚持依法办学、以德立校、科学治教、特色兴校的办学思路，全面实施素质教育，促进学生全面发展。

一、学校课程哲学

学校以"温暖教育"为哲学，用智慧启迪智慧，用激情点燃激情，用爱心浇灌爱心，用温暖传递温暖；以爱为校魂，把关注师生的生命成长、生存状态、生活质量、生涯发展作为教育的核心理念；坚持依法办学、以德立校、科学治教、特色兴校的办学思路，优化学校教育内涵，推进特色办学。

我校"温暖教育"的主要观点如下：教育是温暖人心的事业，是影响儿童精神成长的事业。教育是饱含激情的书写，凡称得上教育的东西，绝对不能缺少温度。教育应该是一个洋溢温暖、注入温馨、充满温情的过程，教师是最有机会给儿童温暖生活的人，如果教师内心缺乏爱、缺乏温暖，他便不是真正的教师。

"温暖教育"是育英的办学理念和行动目标。校园应该是传递温暖的场所,教育应该是激发温暖的途径,最终在孩子们心中播撒温暖的种子,温暖的干群关系、温暖的同事关系、温暖的师生关系、温暖的家校关系、温暖的课程、温暖的课堂,组成了温暖的学校文化。

　　基于"温暖教育"之哲学,我们提出这样的课程理念:把最温暖的记忆留给儿童。这意味着——

　　1. 课程即情绪研究。课程需时刻以儿童的需求为前提,要准确掌握儿童的兴趣点、兴奋点。课程应与儿童的情感方式密切相关,是温暖的而非冷漠的知识。当儿童对学习知识、学习场所、学习导师产生了情感,更容易使他们产生学习的内驱力。所以课程应当从孩子的角度出发,把课程的目标、内容、形式、评价等都尽量以儿童喜闻乐见的方式呈现,这样才能把冰冷的知识转换成温暖的学习记忆。

　　2. 课程即生命场景。"暖知识"在很大程度上都是与场景记忆联系在一起的,这和儿童的年龄特点有关,儿童的天性是喜欢在活动过程中进行知识的探索和发现,从而体验到学习的快乐。这就意味着课程须臾离不开儿童的生命活动本身,我们通过案例分析、场景模拟、角色扮演、情景游戏等多种授课方式,真正达到从"理论"到"实践"的完美过渡。

　　3. 课程即细节教养。儿童是教养发展的最重要时期。教养是通过社会、家庭、学校的全过程来养成的,这也是一个文化资本的积累和传递的过程。因为教养不是与生俱来的。基于这样的认识,我们认为学校工作可以看作是一个养育不同孩子而组成大家庭的过程,课程培养其教养是整个教育过程的核心。课程的细节教养应该具有这样几个特征,即爱国有根、待人有情、谈吐有节、处事有理、言而有信、学习有法。

　　4. 课程即生活原型。一切生活都是课程,一切课程也都是生活,有什么样的生活,就有什么样的教育。生活中蕴含着取之不尽的教育资源,只有源于儿童生活的教育才能真正促进儿童的发展。"生活即课程"的课程理念倡导让儿童在生活中求知,在求知中生活,让教育内容贴近生活,回归生活,构建儿童感兴趣的生活课堂,在最自然的状态下养成儿童良好的生活、学习和行为习惯,习得各种本领,使儿童在与生活世界的接触与沟通中,感受生活,掌握知识,发展能力,完善自身,真正让生活成为孩子最好的老师。

1991年,莱夫和温格在《情境学习:合法的边缘性参与》(*Situated Learning: legitimate peripheral participation*)一书中,提出"合法的边缘性参与"(legitimate peripheral participation)之概念。所谓合法,是指实践共同体中的各方都愿意接受新来的不够资格的人成为共同体中的一员;所谓边缘,是指学习者开始只能围绕重要的成员转,做一些外围的工作,然后随着技能的增长,才被允许做重要的工作,进入圈子的核心;所谓参与,是指在实际的工作参与中,在做中学习知识,因为知识是存在于实践共同体的实践中,而不是书本中。在他们看来,情境学习强调两个方面:第一,有价值的学习应在真实情境中呈现知识,把学与用结合起来;第二,通过社会性互动和协作参与进行学习。

基于上述理论,我校建构"大情境课程",为促进儿童的社会性发展,促进知识的学用结合,增进学生的"暖记忆",全面推进课程改革。

二、 学校课程目标

我校培养德、智、体、艺全面发展,围绕"四强"的育人目标,全面实施素质教育,促进学生全面发展。具体要求如下:

——知识功底强。热爱学习,在学习过程中,运用已知学习方法,了解世界,了解自我,感受学习的温暖。

——创新意识强。能通过阅读、观察、讨论、独立思考等思维过程,加深对知识的理解,培养技能,提出自己的观点、看法,并把部分观点、看法尝试实施。

——身体素质强。能通过校本课程的各项活动,包括:力量、速度、耐力、灵敏和柔韧五个方面,以应对复杂多变的社会学习行为。

——自理能力强。提高自我服务,自己照顾自己,能适应新时代自我学习、自我发展的需求。

根据育英的育人目标,我们努力开发出形式多样的大情境课程,努力给儿童留下"温暖的记忆"。根据育人目标,我们细化了课程目标的具体表现。(见下表1)

表1　学校课程目标及具体表现

课程目标	具体表现		
	低年级	中年级	高年级
知识功底强	保持正确的读写姿势，专心倾听，勤于朗读背诵，乐于课外阅读，在课堂上勇于表达自己的想法和意见。	自主预习复习，认真完成作业，认真倾听会质疑，留心观察事物，会操作简单的实验。	有主动自律的学习态度，养成随时使用工具书的习惯，勤于搜集资料，知道"读万卷书，行万里路"的道理，规划自己和家长一起旅行的学习计划。
创新意识强	学会观察并做简单的记录，会进行绘画创作，并能正确表达自己的观察结果。	学会操作简单的实验，并在实验操作中，做出简单的实验结论。能进行七巧板、美画板操作、创作。	学会分析实验数据，会发现问题并思考。能用电脑进行绘画创作、小报制作。会动手制作一些小发明、小创造。
身体素质强	积极、愉快地参加课内外体育锻炼，并且有自己喜欢的体育活动或体育游戏。初步了解个人卫生保健知识。	乐于参加体育游戏、比赛，初步掌握球类运动的基本方法。初步了解一些疾病的危害和预防知识。	学会通过体育活动进行积极性休息，感受体育活动和比赛的乐趣，保持良好的身体姿态，提高灵敏性、力量、速度和心肺的耐力。在团队互动中形成合作精神。
自理能力强	自爱：懂得交通安全、地震、火灾等基本知识；自律：不影响他人，学会礼貌用语；自理：保持个人卫生和环境卫生。	自爱：学会自我保护，学习食品安全；自律：学会集会礼仪；自理：学会整理学习用具，学会洗小件的衣物袜子。	自爱：学会疾病防治知识，了解青春期知识；自律：尊重、帮助弱势群体，学会主动整理公共卫生；自理：学会自己内务自己整理。

为了实现课程目标的要求，学校着力构建与学校课程文化内涵相匹配的、使每个学生都在学习过程中得到发展为特征的"大情境课程"。

三、学校课程设置

根据我校多年的课程推进实践经验，概括为"六家"课程：小文学家、小数学家、小科学家、小外交家、小艺术家、小实践家。其内容分别是传承经典,润泽心灵:全科阅读、主题联读、诗词大会、戏剧演绎;开拓思维,启迪智慧:校园生活数学调查、计算"酷跑"、数学思维进阶、数学小论文写作;探索奥秘,创想未来:放飞梦想的纸飞机、炫彩泡泡龙、模拟实验室、科学趣观察;徜徉艺术,美化人生:传统国乐、欣新器乐、翰墨丹青、玩转舞林;放眼国际,明理尚德:外语文化节、孝德养正、交际礼仪、小编辑部;走向社会,体验人生:研学旅行,社区调查,丫丫创客达人,steam。(见表2)

表2 "六家"课程一览表

课程类型	课程目标	课程名称(具体内容根据需求细化开发)			
小文学家	传承经典润泽心灵	全科阅读	主题联读	诗词大会	戏剧演绎
小数学家	开拓思维启迪智慧	校园生活数学调查	计算"酷跑"	数学思维进阶	数学小论文写作
小科学家	探索奥秘创想未来	放飞梦想的纸飞机	炫彩泡泡龙	模拟实验室	科学趣观察
小艺术家	徜徉艺术美化人生	传统国乐	欣新器乐	翰墨丹青	玩转舞林
小外交家	放眼国际明理尚德	外语文化节	孝德养正	交际礼仪	小编辑部
小实践家	走向社会体验人生	研学旅行	社区调查	丫丫创客达人	steam

　　学校经过20年的发展,形成了一些具有育英特色的课程:如我校的"孝进万家"教育已经实施了将近10年,《德育报》头版整面介绍了我校的孝德教育,再如我们的书法教育、抖空竹活动的开展,都是颇具特色的,特别是特色双节——男孩节、女孩节给在校的每个孩子留下温暖的回忆,在瓯海区乃至温州市有一定影响力。这些课程符合我校教育哲学,学生在这些课程中度过育英六年的小学生活,留下了许多"暖记忆",让学生成为"知识功底强、创新意识强、身体素质强、自理能力强"的育英学子。具体课程设置如下。(见表3)

表3　学校课程一览表

课程名称	课 程 内 容	课 程 目 标
亲近母语经典诵读	(1)"请你读一读"：图文并茂的诗篇原文； (2)"请你说一说"：对诗文辅以注解等，帮助学生更好地理解诗文； (3)"请你唱一唱""请你画一画""请你演一演""请你填一填"等综合实践活动，着重培养学生诵读的能力和技巧。	将古诗文教育与培养学生良好习惯、高尚情操、优秀品格的人文教育有机地融合，着力培养一代"腹有诗书气自华"的少年君子。
英语视窗	(1)播放英语歌曲；介绍西方国家人文风情； (2)英文歌曲演唱秀； (3)英语日常用语口语秀； (4)英语手抄报秀； (5)英语小短剧秀； (6)英语故事演讲秀； (7)英语百词争优秀。	营造浓厚的英语交际氛围，让学生在语言环境中应用英语。激发学生学习英语的兴趣，培养学生的创新精神和实践能力。
节日文化知多少	(1)编撰《我们的传统节日》校本教材； (2)开展"传统节日知多少""传统在身边""我与传统节日"等主题活动； (3)借助古代蒙学读物、古代诗词、文学作品、神话传说，了解不同节日的相关文化知识。	了解传统节日民俗，从而树立国家意识，增强民族自豪感，传承民族精神，挖掘传统节日的文化内涵，营造浓郁的传统文化教育氛围，进一步提升校园文化。
男生女生向前冲	每年的5月20日为女孩节，11月11日为男孩节，每个女孩、男孩在这一天里，邀请自己的爸爸、妈妈、老师、同学一起参加游戏、游园等活动。	通过校本节日的设立，加强家校之间、师生之间、生生之间的互动，提升住校生的幸福感和温暖指数。
孝德文化	(1)编制《孝德教材》； (2)践行"孝敬卡"上的孝心孝行项目； (3)亲子阅读； (4)写家书·表孝心； (5)开展"十佳孝星""百名孝子"评比活动，举办十佳孝星家庭颁奖晚会； (6)亲子义工； (7)亲子运动会。	融合传统孝道文化精华与现代社会精神文明，使孝敬教育系统化、生活化、多元化、常态化，促进学生知恩、感恩、推恩品质的形成。
走进艺术殿堂	(1)演唱一首喜欢的歌； (2)学习演奏(欣赏)一种乐器； (3)参加一次表演； (4)创作一幅美术作品； (5)听一场音乐会； (6)创作一幅书法作品。	发挥"校中校"的作用，提高学生的艺术修养，促进学生的个性化发展，使学校成为艺术育人的宣传和示范窗口。

课程名称	课　程　内　容	课　程　目　标
争做空竹大将军	（1）开发出具有育英特色的"抖空竹"体育校本课程； （2）我会初级空竹"12 式"； （3）争做初级空竹大将军； （4）我会中级空竹"24 式"； （5）争做中级空竹大将军； （6）我会高级空竹"36 式"； （7）空竹达人秀。	将"抖空竹"这一传统运动技艺与现代体育课程相结合，做到普及与提高并重，促进学生身体素质的提升，营造充满活力、健康快乐的校园体育文化。

　　"重基础、有层次、多样化、综合性"是我校课程的主要特色。我们拥有完善的课程体系：基础型课程注重学生综合学力的培养，始终让我校的语、数、英、科四门基础学科成绩保持区域领先地位。拓展型课程注重引导和培养学生的学科兴趣，厚植学生的学科素养，为学生未来和终身发展服务。特色课程则注重学生的综合素质的培养，让学生学会诗意的生活。优化的课程结构，完善的课程体系给每名育英学子提供了更多的学习选择和体验，满足每名同学的个性化、多样化的需求。

四、　学校课程实施

　　在人类学家的研究视野中，社会实践与社会世界是由于对"学习"概念的不同理解而提出来的。人类学家们认为，在日常生活实践中，没有一种特殊的"学习"，只有根据文化背景的差异而不断变化的参与性实践活动；或者，换一种说法，即日常生活中的参与并在实践中改变理解的过程就是学习。在这里，学习被理解为是现实世界中的创造性社会实践活动中的一部分，是对不断变化的实践的理解与参与。因此，在人类学家看来，学习是在社会世界中的存在方式，而不是打算认识它的方式。为此，我们的课程实施十分强调将重点从作为学习者的个体转移到作为社会参与的学习，从认知转移到情境实践的更具人性意义的过程。或许，这就是"大情境课程"的价值所在。

（一）以多元智能为切入点，分析儿童的课程需求

　　1. 搭建学生发展的温暖舞台。多元智能理论认为，每个人都拥有八种主要智

能：语言智能、逻辑—数理智能、空间智能、运动智能、音乐智能、人际交往智能、自我认知智能、自然观察智能。"温暖记忆课程"开发主旨在于开启学生的多元智能，寻找学生最近发展区，培养持续自主的探究能力，为学生"最温暖的记忆"搭建了温暖的舞台。

2. 多元课程确保学生全面发展。将母语阅读、英语视窗、孝德、节日文化、空竹、艺术等课程纳入"温暖课程"，这意味着促进学生多元智能发展。教师在以活动为中心的课程设置中，将目标指向学生特定的智能发展，并将每种智能与相关的学习工具联系起来。所以教师在设计课程的时候，努力使自己的教学尽量丰富、综合地运用多元智能。确保每一名学生有机会使用某一种智能，包括他最弱的和最强的智能。

3. 满足学生发展的需要。"儿童时代的温暖记忆"的各个课程内容，都应该给学生提供一份围绕主题进行活动的清单，允许学生选择学习方式、交流方式、展示方式，通过绘画、舞蹈、歌曲、讲故事、手抄报、调查报告等形式，展示自己学习过程中的多元智能运用，真正做到培养出"四强"的学生，并能在学生的最近发展区留下"温暖的记忆"。

（二）以多样课程来源为抓手，推进课程深度变革

我们把课程分为三种：场景课程（直接的、体验的课程）、语义课程（转述的、间接的知识）、内隐课程（自我反思的课程）。在课程建设过程中，严格按照场景课程、语义课程、内隐课程进行分类，力争以丰富多彩的场景活动、鲜活有趣的文字读本、深刻有趣的自我反思，让学生在"温暖的记忆"里获得多元发展。

以"孝德文化"课程为例，我们可以把课程内容按照场景课程、语义课程、内隐课程进行以下规划。（见表4）

表4 "孝德文化"课程内容表

名称	目标	分类	年级	内容
孝德文化	融合传统孝道文化精华与现代社会精神文明，使孝敬教育	场景课程	一年级	亲子游活动
			二年级	讲孝敬故事比赛
			三年级	"让'孝'驻心间"主题诗歌朗诵会
			四年级	育英电视台观赏爱心电影

名称	目标	分类	年级	内　　　容
	系统化、生活化、多元化、常态化，促进学生知恩、感恩、推恩品质的形成。	语义课程	五年级	举行"传唱爱心小歌手"比赛
			六年级	毕业感恩典礼
			一年级	校本教材：《单衣顺母》《学会感恩》《孝子鱼，孝女绳》
			二年级	校本教材：《走进刘翔心灵》《感悟亲情》《感母恩，忆母情，谢母恩》
			三年级	校本教材：《九九重阳节，浓浓敬老情》《家庭礼仪，孝敬父母》《孝敬父母，从心做起》
			四年级	校本教材：《难报三春晖》《孝敬父母，子女责任》《无私的爱》
			五年级	学习校本教材《我和父母的故事》《小故事 大道理》《家，温馨的港湾》
			六年级	校本教材：《都是因为爱》《孝顺 孝敬 孝心》《感恩母亲，拥抱亲情》
		内隐课程	一年级	评选"孝星"；实践"十五个孝行"
			二年级	评选"孝星"；实践"十五个孝行"
			三年级	评选"孝星"；实践"十五个孝行"；讲自己的孝德故事
			四年级	评选"孝星"；实践"十五个孝行"；开展"采访父母·算亲情账"活动
			五年级	评选"孝星"；实践"十五个孝行"；写家书·表孝心
			六年级	评选"孝星"；实践"十五个孝行"；制作孝德手抄报

（三）以"课程地图"为方法，推进课程研修活动

"课程地图"是把多元智能发展和课程进行整合的一种设计理念，例如"温州节日文化"主题活动，可以结合学生的多元发展需求，绘制课程地图如下。（见图1）

这种课程地图的描述让我们清楚地看到，如何围绕智能设计一门课程教学活动。教师可以考虑课程的多种选择和观念。对于课程匹配的选择，教师可以放大、扩充、完善；对于与课程相悖的选择，教师可以舍弃。

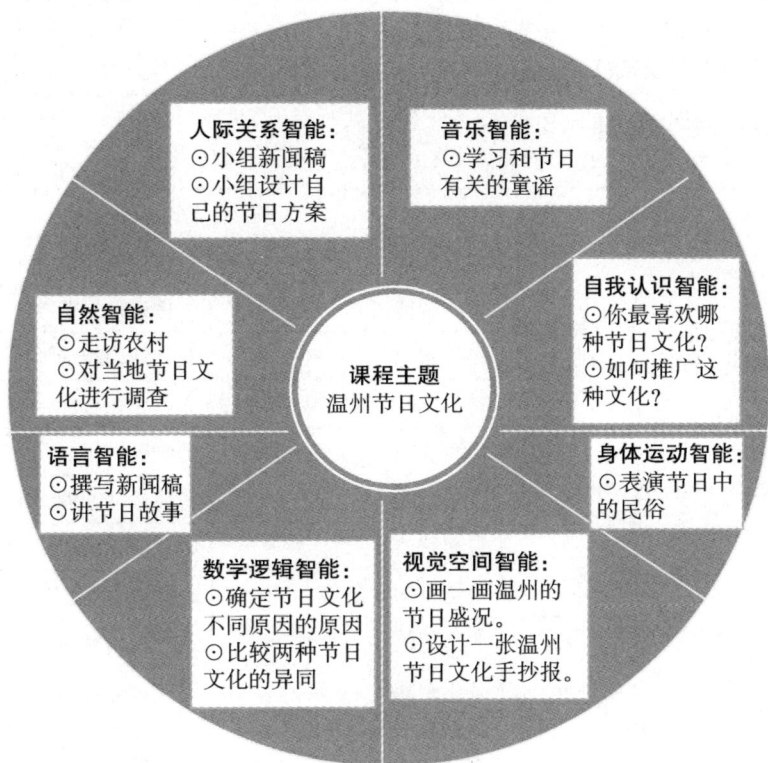

图 1　课程轮结构示意图

内圈文字：

课程主题
温州节日文化

周边文字：

人际关系智能：
⊙小组新闻稿
⊙小组设计自己的节日方案

音乐智能：
⊙学习和节日有关的童谣

自我认识智能：
⊙你最喜欢哪种节日文化？
⊙如何推广这种文化？

自然智能：
⊙走访农村
⊙对当地节日文化进行调查

身体运动智能：
⊙表演节日中的民俗

语言智能：
⊙撰写新闻稿
⊙讲节日故事

数学逻辑智能：
⊙确定节日文化不同原因的原因
⊙比较两种节日文化的异同

视觉空间智能：
⊙画一画温州的节日盛况。
⊙设计一张温州节日文化手抄报。

五、 学校课程评价

课程是学生个性发展、教师专业发展的课程,这就决定了评价的多元性;课程评价着眼于学生的个性与能力的发展和提高,要从指导思想,师生参与程度,创造性地发挥学校办学育人的特色等方面入手。基于以上特点,制订课程评价方案。

(一)课程内容的评价

学校课程评价应以"温暖"为主题词,进行评价。以"温州传统民俗文化知多少"为例,课程评价表如下。(见表 5)

表5　课程评价表

课题	温州传统民俗文化知多少			设计者	×××
课程类型	□场景课程　　□语义课程　　□内隐课程(在□内打"√")				

下列活动与各种智能的相关程度如何?
×××:非常相关　××:中等相关　×:有一点相关　不相关空缺

活动	多元智能			
学生展示自己搜集的关于温州传统民俗文化的信息(网络资料说明、绘画展示、歌谣演唱,等等)	语言智能	×××	数学逻辑智能	
	音乐智能	×××	身体运动智能	×
	自然智能	×	自我认识智能	×
	视觉空间智能	××	人际关系智能	×
教师介绍部分温州独有的传统文化:拦街福、瞿溪二月初一集会,等等	语言智能	×××	数学逻辑智能	
	音乐智能	××	身体运动智能	
	自然智能	××	自我认识智能	
	视觉空间智能	××	人际关系智能	
以温州民俗节日文化为主题,分组讨论并设计制作手抄报一张	语言智能	××	数学逻辑智能	×
	音乐智能		身体运动智能	
	自然智能		自我认识智能	××
	视觉空间智能	×××	人际关系智能	×××

　　按照场景课程、语义课程、内隐课程的不同分类,其评价的方向也不尽相同:语义课程主要在课堂进行,评价时要摆脱以往课堂教学评价过程中评价者的主观印象,不沿用按既定项目、分支打分的方式,用"多元评价表"考察其兼顾学生智能发展情况,并注重"语言智能、数学逻辑智能、自我认识智能"等语义课程中容易提供学生发展契机的课程内容设计;场景课程则更多地关注学生的"音乐智能、身体运动智能、视觉空间智能"的多元发展是否得到重视;内隐课程在课程内容设计上要多进行"自我认识智能、人际关系智能"的发展。场景课程、语义课程、内隐课程数管齐下,学生的多元智能才能得到均衡发展。

　　每种智能是一种独特而令人兴奋的学习方法。学生在每个课程环节中自由发展自己的智能,同时收获终身难忘的记忆。课程设计者应该思考:怎样才能创造出一个智能均衡发展的课程？

（二）展示参与评价

展示参与评价，既是一种评价方式，同时也是一种课程资源，评价过程同时又是一个个语义课程、场景课程、内隐课程的补充。

1. 依据课程内容特点，指导学生采用针对性和多样化的展示形式。不同的课程内容，可以进行不同形式的展示参与评价，如主题探究（小课题研究）、项目与应用设计、参观与考察、家长社会参与等。教师要根据不同类型，指导学生采用不同的展示形式。而每种展示参与评价又有不同的呈现方式：小课题研究的成果展示形式有实验展示、观察日记、调查报告、结题报告；项目与应用设计的展示形式有作品或模型、小发明与小制作、设计图等；参观与考察项目的展示形式有活动中的照片及录像带、调查报告、开讨论会或演讲；家长社会参与主题的展示形式有现场制作、收集的资料展示、写好的倡议书、办一份小报、形式适宜的文艺演出。这些展示参与评价既能最大程度地调动学生参与课程活动的积极性，又能丰富学校的文化环境，融合了场景课程、语义课程、内隐课程的不同特点，给学生留下一个个生动的"暖记忆"。

2. 依据学生特点，指导学生采用个性化的展示形式。成果展示要以交流、激励为目的，要依据学生特点，采用个性化的展示形式。通过展示尽可能让学生体验成功。展示时要充分发挥学生的长处。例如，口头表达能力好的学生，尽可能让其多说；动手能力强的学生，让其多做；家里藏书多的学生，让其多展示搜集的资料……还有，对于同一主题，引导学生从不同角度进行展示和活动反思。

3. 依据材料特点，指导学生采用最优化的展示形式。成果展示的材料可以分为静态和动态的。有些学生的成果展示材料是静态的，如一篇体验文章、一幅绘画作品、一张小报、一件模型、一些观察日记等；而有的成果展示材料则是动态的，如一次口头汇报、一场辩论会或演讲会、一个演示过程、一次心得体会畅谈等。另外，成果展示的范围不同，采用的方式也可不同，按范围可分为对内展示和对外展示两种形式。对内展示是指向本组、本班、本校进行成果展示，可采用的形式有班级辩论会、知识竞赛、制作展、墙报站、交流会等；对外展示是指向家长和社会进行成果展示，可采用的形式有亲子展示、座谈会、宣传会等。

4. 发挥教师的指导作用，指导学生根据成果展示开展课程活动评价。成果展示是课程评价过程,也是反馈交流过程,更是经验共享过程、调整深化过程,教师不能放任不管,但也不能教师包办或者置身事外,成为局外人,教师应积极地与学生商量成果展示的呈现形式、展示方法、时间安排以及注意事项等基本内容,从而提高成果展示活动的效益。同时,展示参与评价是一种过程性的、发展性的评价,而不是终结性、甄别性的评价。

(三) 晋级考证评价

晋级考证不仅能提高学生参与课程学习的积极性,还是课程评价的有效补充。小学分校提出“四证四强”的育人目标,把“四证集结”(知识技能证、兴趣特长证、孝德修养证、生活技能证)作为推动课程开发与开展的重要途径。如“孝德修养证”的晋级考证评价操作办法如下所述。

1. 孝德修养证评定内容。(见表6)

表6 “孝德修养证”评价内容表

序号	评 定 内 容	
1	“您好”“请”“谢谢”“再见”“对不起”成为我最亲密的朋友。	一二年级
2	每次月假见到爸爸妈妈(爷爷奶奶),我能和他们亲密拥抱一分钟。	
3	在电话里我大胆地告诉爸爸妈妈(爷爷奶奶):“我想你们! 我爱你们!”	
4	我很开心为爸爸妈妈(爷爷奶奶外公外婆)递送水果、糕点、毛巾等物品。	
5	我记住了爸爸妈妈(爷爷奶奶外公外婆)的生日。	
6	我也能送给爸爸妈妈(爷爷奶奶外公外婆)生日小礼物,祝贺他们生日快乐!	
7	我珍藏着爸爸妈妈(爷爷奶奶外公外婆)送给我的一些小礼物。	
8	我会讲爸爸妈妈(爷爷奶奶外公外婆)关爱我的、让我难忘的一件往事。	
9	我会称呼不同的长辈,如堂哥、表姐、叔叔、婶婶、舅舅、舅妈等。	
10	我会整理自己的衣物、玩具和学习用品,乐于收拾房间。	
11	我养成了早晚刷牙、饭前便后洗手的好习惯。	
12	我懂得了孝敬,会认会写“孝”字。	
13	我喜欢与我的亲戚朋友、邻居同学分享我的生日蛋糕。	三四年级
14	我会自己主动洗澡,勤剪指甲。	
15	我在家能有计划、有安排,自觉地完成作业,不让长辈操心。	

序号	评 定 内 容	
16	长辈休息的时候,我会尽量保持安静。	
17	我会双手接过长辈的奖品、礼物、红包,面带微笑,鞠躬道谢。	
18	我会常给异地工作、生活的长辈打电话问好。	
19	有好东西我会与长辈分享,比如:把美食送给长辈,给长辈盛饭夹菜等。	
20	我会陪长辈逛街、散步,在相处中感受美好时光。	
21	我能协助长辈做各种力所能及的家务,和他们分享劳动的快乐。	
22	长辈生病时,我会嘘寒问暖,倒水送药。	
23	我爱"光盘"行动,把节约用水、用电、用粮、花钱当成一种光荣,一种习惯。	
24	我会招待客人,如倒茶,递水果,给客人让座,为客人开电视机等。	
25	我掌握各种安全知识,懂得自救自护并积极向长辈宣传。	
26	我遵守公共秩序,尊重他人,不吵架,不打架,不随便拿别人的钱物。	
27	我身体不舒服,会主动告诉家长、老师,会按要求服药。	
28	我不跟长辈赌气、吵架,发现长辈不对,会委婉提示,不横加指责,大声吵闹。	
29	我会关注长辈的安全、健康、情绪,会提醒、安慰他们。	五六年级
30	在长辈面前,我会主动谦让,比如:美食、座位、遥控器等。	
31	我不会嫌弃长辈,能体会长辈唠叨中的关爱。	
32	外出前我会主动征求长辈意见,同意后才行动,并能按时返回。	
33	我会提醒、陪同父母做一些孝敬长辈的事。	
34	我懂得做客的礼仪,如打电话预约,先敲门,感谢别人的邀请、款待,谦让等。	
35	我会用我的零花钱资助需要帮助的同龄人、灾区人民。	
36	我乐于帮助社区孤寡老人,为他们做些力所能及的事。	

2. 孝德修养证评定方法:每通过3项,晋升一个级别,颁发一本证书;每学期晋级一次,最高级别为12级;每学期的第一个月申报,第四个月评定。12月份没有顺利通过的,第二个学期继续参评。

学生通过晋级考证,获得课程学习评价结果,同时每个月的晋级考证结果作为当月"育英骄傲人物"评选的重要参考,每个学期的晋级考证结果和"育英骄傲年度人物"的评选挂钩。做到以评价推动课程实施,用课程实施评价学生发展。

学校课程是动态滚动发展的,根据各方面的反映,每年都进行课程目录的重新修订,新的、成熟的课程不断加入,一些不受学生欢迎或准备不足、教学效果不好的课程将淘汰。

总之,我校探索的"大情境课程"是有积极意义的。在我们看来,学习不仅仅是个体意义建构的心理过程,更是社会性的、实践性的参与过程。知识的意义连同学习者自身的意识与角色都是在学习者和学习情境的互动、学习者之间的互动过程中生成的,因此学习情境的创设就致力于将学习者的身份和角色意识、完整的生活经验,以及认知性任务重新回归到真实的、融合的状态,它很好地解决了学习的去自我、去情境的顽疾。在这里,学习的本质就是对话,就是参与真实的实践,在学习过程中所经历的就是广泛的社会协商。学习绝非仅仅是为了习得一些事实性知识,更重要的是在于置身知识产生的特定情境之中,以积极的姿态,参与真实的物质文化与精神文化之实践活动中。

第一篇
见证最美好的时光

孒是春天的蓓蕾,他们美丽端庄,阳光智慧。"女孩节""男孩节"……让我们一起见证这最美好的时光。

暖记忆 1　美丽端庄"女孩节"

⭐ 学习意图

1. 文化："女孩节"课程为学生提供了丰富的文化信息,如"孝德""礼仪""服装""节日""艺术特色项目表演"等,让女孩充分感受祖国传统文化的丰厚意蕴,促进文化的传承。

2. 智能:在"女孩节"课程中,学生通过时装表演、古筝欣赏、贺卡制作、礼仪展示等多种体验活动,培养女孩的审美能力、动作协调能力、语言表达能力、自我认知能力及创新能力。

3. 情感："女孩节"从每一名女孩充分展示自我出发,为每一名女孩提供了多角度、多方面、多渠道的情感体验,尤其是在与男同学,与家长的互动中,让每名女孩丰富情感,净化心灵,提升人格。

⭐ 学习目标

1. 通过红毯秀、服装秀以及才艺、礼仪展示,凸显"阳光女孩,智慧女孩"的风采,让女孩们认识、体会到"美丽来自于修养,魅力来自于内涵"。

2. 通过男女的节日祝愿活动,培养男女生互敬、互爱、互勉的优良品质,提升孩子们的温暖幸福指数。

3. 通过亲子互动活动,不断巩固家校联盟,增进亲子间和谐关系,推动家庭孝德文化建设。

4. 打造育英女孩名片:美丽女孩娴雅端庄、彬彬有礼、落落大方;智慧女孩与人为善、博学多才、健康向上。

☆ 适用年级

1—6 年级女生。

☆ 学习活动

■ 庆典仪式

1. 时间：每年 5 月 20 日
2. 地点：400 米大操场
3. 人员：总校相关领导,分校全体师生,女生家长代表,共计 3 000 人左右。
4. 流程:

板块一： 亲子红毯秀（30 分钟）

（1）全体女孩身着盛装与家长代表携手踏上红地毯,和着《我是女生,快乐的女生》等音乐款款而入。途中每班有三名男绅士为每名女孩献上礼物。

（2）走到红地毯中间的拍照区稍作停留,家长代表送上准备好的"神秘礼物",拥抱 2 分钟,拍照;随后缓步走到许愿区,共同挂上表真情的祝福语牌。

板块二： 开幕仪式（60 分钟）

（1）嘻哈自由族:每班各一名女孩伴随欢快音乐走 T 台;结束后站在舞台上作为开幕背景。（7 分钟）

（2）校长和家长理事会代表出场,言简意赅致辞;一起宣布"女孩节"开幕;随即燃放礼花。（5 分钟）

（3）嘻哈自由族系列时装秀:全体女孩。（48 分钟）

版块三： 魅力古韵（25 分钟）

（1）艺术特色项目表演,如古筝、钢琴、双排键等。（10 分钟）

（2）30 名女孩旗袍秀。（5 分钟）

（3）教师现场指导，旗袍女孩示范："小淑女十大礼仪"展示。（5分钟）

（4）男孩幽默创意献词。（5分钟）

板块四：美丽公主（15分钟）

（1）30名女孩公主裙秀。（5分钟）

（2）学校舞蹈队表演。（10分钟）

板块五：交接仪式（20分钟）

男女生各一名，女孩简短致辞并宣布闭幕，男孩交接会旗。（5分钟）

（注：以上流程为首届典礼设计，以后可根据实际情况调整）

☆ 学习评价

1. 每名女孩能自主、自信地展示自己在"暖记忆课程"学习中的素养与才艺。

2. 在男女生、亲子互动中能丰富情感体验，收获友谊与成长的快乐。

3. 增进了家校沟通，家校互动，家校合作；极大地扩大了我校课程建设的社会影响力。

设计者：钟灵

暖记忆 2　阳光智慧"男孩节"

☆ 学习意图

"男孩节"时间定为每年的 11 月 20 日。男孩的天性是喜欢在活动过程中进行知识的探索与发现,从而体验学习的乐趣。"男孩节"活动课程构建了男孩生活的真实场景,通过喜闻乐见的创意节日活动,让每一名男孩在活动中充分体验纯真友谊的快乐、天性被纵情释放的快乐,同时收获知识、能力、人格、阅历,形成自己永久的心灵文化积淀,伴随着自己一生成长。

☆ 学习目标

1. 通过红毯秀、校园剧以及才艺、礼仪展示,凸显"阳光男孩,智慧男孩"的风采。

2. 通过男女的节日祝愿活动,培养男女生互敬、互爱、互勉的优良品质,提升孩子们的温暖幸福指数。

3. 通过亲子互动活动,不断巩固家校联盟,增进亲子间和谐关系,推动家庭孝德文化建设。

4. 打造育英男孩名片:阳光男孩诚实勇敢、温文尔雅、阳光快乐;智慧男孩博学多才、敢于担当、健康向上。

☆ 适用年级

1—6 年级全体男生。

★ 学习活动

■ 庆典仪式

1. 时间：每年 11 月 20 日

2. 地点：400 米大操场

3. 人员：特邀区市校本课程相关负责领导,兄弟学校校长亲临指导,分校全体师生,男生家长代表,共计 4 000 人左右。

4. 流程：

板块一： 亲子红毯秀（60 分钟以上，不包含在典礼时间内）

（1）全体男孩着盛装与家长代表携手从校门正对的节日拱门进入,和着《男儿当自强》音乐款款走来,脚踏红地毯,途径"'暖记忆'校本课程"和班级展示长廊,并有三名淑女为每名男孩献上节日礼物。

（2）走到红地毯中间的拍照区稍作停留,家长代表送上准备好的"神秘礼物",拥抱 1 分钟,拍照;随后缓步走到许愿区,共同挂上表真情的祝福牌。

板块二： 开幕仪式（5 分钟）

主持人邀请校长与家长理事会代表出场;领导言简意赅致辞;一起宣布"男孩节"开幕;随即燃放礼花。

版块三： 润物无声，明理上进（25 分钟）
主题词：活泼、亲子、向上

（1）1 年级

形式：大型亲子操,队形、动作在变化中体现亲子间互动、合作。

人员：1 年级全体男生,采用一小一大(每班动员一定数量孩子的爸爸或妈妈参加)

流程：三组一次出场

① 第一组：101、103、104、108 班《向前冲》。

② 第二组：102、107 班《加油操》。

③ 第三组：105、106 班《嘿嘿哈哈》。

（注：以上流程为首届典礼设计，以后可根据年级情况调整）

（2）2 年级

形式：大型团体操。

人员：2 年级全体男生，分三组：舞台 20 人为领演，下面中间部分为 55 人的蓝队，左右两边分别为 70 人的黄队。

流程：

① 出场：先是下面中间部分 55 人手持小红旗呈 6 路纵队 9 路横队分别从左右两边高呼口号正步上场；随后是下面左右共 140 人各呈 5 路纵队 14 路横队手举红旗从后面分两侧上场；最后领演的 20 名同学走上舞台。

②《男儿志》：前奏起，台上有 4 个同学依次上场；主曲起，下面 195 名同学分成蓝队和黄队分步表演。动作刚劲有力，节奏感强，表现出男子汉勇敢坚强之气势。

③《小苹果》：《男儿志》最后一个动作造型结束，《小苹果》的音乐随之响起来。孩子们随着音乐欢快地跳起来。欢快的舞蹈带动全场，把全场气氛推向高潮。

④ 退场。

表演结束，先是两边同学分别向后退下，接着中间 55 名同学分别向后退下，台上 20 名领演也随之从一侧一并退下。

（注：以上流程为首届典礼设计，以后可根据年级情况调整）

板块四：感动感恩，厚德知礼（25 分钟）

主题词：感恩、传统、礼仪

（1）3 年级

形式：诗歌朗诵、歌舞、手语。

人员：3 年级全体男孩，分三个板块演出。

流程：

① 诗歌朗诵《感恩生命》（每班 5—6 人）。让孩子们在诗歌中寻求生命的真

谛,感悟生命的可贵,从而懂得爱护生命,珍惜生命,感谢母亲赐予我们生命。

② 歌舞《超越梦想》(每班 8 人)。让孩子在歌舞中感受大自然的美丽,体会人与自然的和谐相处,并明确我们生活中的一切都是大自然带给我们的,以此让学生学会感恩大自然。

③ 方阵手语《好大一棵树》(每班 8 人)。在歌声中,让孩子们懂得老师的不易,从而激发孩子对老师的爱,懂得从自己的实际行动出发,努力学习,刻苦锻炼,回报老师和父母。

(2) 4 年级

形式:齐诵《弟子规》、表演功夫扇和太极拳。

人员:全年级男生,分三个方阵表演。

流程:

① 一方阵学生 80 人身着汉服,红色汉服上衣,白色灯笼裤,脚穿白色布球鞋,手持书简齐诵《弟子规》。背景音乐古筝《高山流水》起,学生齐读《弟子规》第一章节;选 6 人领舞,24 人排成三横排在舞台表演;余下的学生分在舞台左右两边同时演出。

② 二方阵学生 80 人身着汉服,蓝色汉服上衣、白色灯笼裤子,脚穿白色布球鞋,手持扇子表演功夫扇。音乐《中国功夫》响起 2 分钟后,学生表演太极扇 9 式;24 人排成三横排在舞台表演;余下的学生分在舞台左右两边同时演出。

③ 三方阵学生 80 人身着汉服,黄色汉服上衣、白色灯笼裤子,脚穿白色布球鞋,表演太极拳。背景音乐起,表演太极拳 12 式;24 人排成三横排在舞台表演;余下的学生分在舞台左右两边同时演出。

(注:以上流程为首届典礼设计,以后可根据年级情况调整)

板块五: 爱国自强,放飞梦想(25 分钟)

主题词:爱国、孝顺、自强

(1) 5 年级

形式:诗歌朗诵、音乐剧、大合唱。

人员:5 年级全体男生。

流程：

① 出场：中心舞台 50 人，侧面舞台各 30 人，提前到位；舒缓的音乐起，两名领诵学生入场，一男生介绍南宋金人入侵的历史；台下男生分为三大组，每组两队人，手持旗帜准备入场，在小舞台的前面，摆放四面大鼓，依次摆开，侧方舞台各摆两门大炮。

② 山河破碎：诗词朗诵《满江红》上阕，配乐，采用领诵、分诵、齐诵、交替等形式配乐朗诵。

③ 岳母刺字：音乐剧表演（岳母教导、刺字；杀敌。）20 名学生扮演士兵，从会场通道冲入会场，并挥动旗帜做各种杀敌动作，最后是胜利的旗帜和欢呼声。

④ 精忠报国：领诵学生旁白抗金的胜利；音乐起，全体男生大合唱《满江红》下阕；宋兵、岳飞做造型，侧方舞台共 60 人，一边拼出"精忠报国"，一边拼出"振兴中华"；再一次朗诵"待从头，收拾旧山河，朝天阙"，全体男生呼号"精忠报国，振兴中华"。音乐戛然而止。

（注：以上流程为首届典礼设计，以后可根据年级情况调整）

（2）6 年级

形式：诗歌朗诵

人员：6 年级全体男生。

流程：

① 出场台上 60 人（20 名女生 + 40 名男生）提前到位，分三个三角形站好，女生 20 人手拿向日葵站中间，男生站两侧，每边 20 人。其余男生手拿气球分三大组站在舞台前边和左右两侧。舒缓的音乐响起，四名领诵 2 男 2 女，分两组分别从舞台左右两边上。

②《序曲》。

③ 学生朗诵分四个版块进行：育英伴我成长；师恩难忘；立志成才；梦想起航。

④ 学生在朗诵的同时，穿插家长代表朗诵。

⑤ 给老师（6 年级班主任作代表）献花；每位老师给学生一句寄语。

⑥ 展示横幅：师恩难忘　梦想起航。

板块六：　闭幕仪式（10分钟）

（1）主持教师领读，男孩集体宣誓；唱《男儿当自强》歌。

（2）男生代表简短致辞并宣布闭幕。

⭐ 学习评价

1. 每名男孩能自主、自信地展示自己在"暖记忆课程"学习中的素养与才艺。

2. 在男女生、亲子互动中能丰富情感体验，收获友谊与成长的快乐。

3. 增进家校沟通，家校互动，家校合作；极大地扩大我校课程建设的社会影响力。

设计者：钟灵

第二篇
安全是最温暖的事

生命如歌,平安是福。以活动为载体,以体验为方式,推进安全教育,切实保障每一个孩子的安全。

暖记忆 3　做个健康"小吃货"

⭐ **学习意图**

"民以食为天",我们每天都要用"吃"来维持我们的生命。因而提到食品安全,人们是异常关心,特别关注。喜欢零食是孩子的天性,但往往在吃得高兴的同时却忘记要看看食品是否过期,是否变质,因此在这方面就存在一个很大的安全隐患。

由于我们学校是住宿制的,孩子们常会带来不少零食与小伙伴们分享。因为小学生对饮食安全知识的缺乏,偶有发生因吃了一些不卫生、腐败变质的食物而引起身体不适的事例。所以说,在学校对学生进行食品安全的宣传和教育,可以让更多的孩子认识到食品安全的重要,了解如何注意一些食品方面的安全,才能让食品安全与我们的健康同行。

⭐ **学习目标**

1. 了解食品卫生安全知识,了解食物中毒的病症,预防食物中毒。

2. 养成良好的卫生饮食习惯,杜绝学生购买不安全的食品,保护自己身体健康,养成良好的饮食规律。

3. 学会如何去检查食物是否安全。

4. 提高自我防护与救护意识。

⭐ **适用年级**

1—6 年级。

☆ 学习活动

■ 一、学习内容

1. 让学生了解食品安全的相关知识。

2. 学生学会辨别食物,明白食品安全的重要性。

3. 学生试着辨别食品。

■ 二、学习过程

(一) 讨论什么是食品安全

1. 学生自由发言聊自己眼中觉得安全的食品,并举例。

2. 老师出示相关内容(文字、图片)解释食品安全。

(二) 认识问题食品,了解其危害

1. 师生探讨什么是问题食品。

2. 学生举例几种觉得有问题的食品。

3. 出示例子让学生讨论问题食品有什么危害。

(1) 发霉的花生能吃吗?

不能吃,含有致癌物。

(2) 油炸的食物是不是可以常吃?

不能常吃,易上火,且会致癌。

(3) 方便面是不是可以作为主食?

不能作为主食,吃多了会导致肠胃不好。

(4) 我们是不是可以天天吃快餐?

不行,快餐中的营养成分太少。

(5) 能空腹喝牛奶吗?

不能,牛奶有催眠镇静作用,早晨正是人们精力旺盛的学习和工作的时间,喝牛奶后有昏昏欲睡的感觉,反而不利。

4. 展示不安全食品带来的危害:多媒体展示一些因食品不卫生因而身体出现问题的学生(有腹泻、腹痛、呕吐等情况)。

5. 学生谈谈对食品安全的看法和理解。

（三）学习如何辨别食品是否过期、变质

1. 利用实物传授如何看食品的生产日期，食物应该在生产保质日期内食用（教师准备一些食品，演示教学）。

2. 图片出示告诉学生哪些食品变质了，不能食用（漏气、变色、发臭等现象）。

（四）学生尝试看食品安全

1. 事先让学生带一些食品到教室，学生亲自尝试。

2. 小组讨论食品是否安全及理由。

3. 小组派代表上台讲解，并让同学们点评是否讲得准确。

（五）总结

1. 学生总结学到的知识，谈怎样才能吃得健康、安全。

2. 评选班里最健康"小吃货"，并选出获得生活技能证的同学。（符合第二条：我会安全饮食，给予评定等级）

3. 要牢固树立"安全第一，预防为主"的安全意识。

⭐ **学习评价**

1. 学生学会了如何检查食品的安全性（是否过期、变质）。

2. 班级里评选出最健康"小吃货"，颁发生活技能证。

3. 学生有了一定的食品安全意识，在生活中懂得注重自己的健康饮食。

设计者：李秀秀

暖记忆 4　小心提防"电老虎"

⭐ 学习意图

电能是一种方便的能源,它的广泛应用促成了人类近代史上第二次技术革命,有力地推动了人类社会的发展,给人类创造了巨大的财富,提高了人类的生活质量。电的发明给我们的生活带来了太多的便捷,很难想象离开了电,我们的生活将会怎样。

电在我们的生活中扮演的角色是如此重要,那么它一定很是完善了?非也。不论什么事物都有它利与弊的一面,电也不例外。生活中用电安全事故比比皆是,因此有效制止这类事情的发生迫在眉睫。在学校对学生进行用电安全教育,旨在让学生了解一些安全用电常识,培养学生的安全意识。

⭐ 学习目标

1. 让学生了解有关电的简单知识,了解电器起火的处理方法。
2. 解释电流对于人的身体如何造成危险,引起学生对于用电安全的重视。
3. 掌握安全用电常识,安全使用各类家电,确保在用电过程中不发生危险。

⭐ 适用年级

1—6 年级全体同学。

⭐ 学习活动

■ 一、学习内容
1. 搜集有关安全用电的资料,激发学生的兴趣。

2. 观看安全用电的视频。

3. 讲解用电注意事项。

■ 二、 学习过程

(一)搜集资料,了解安全用电知识

1. 收集有关安全用电的图片。

2. 观看安全用电的视频,了解安全用电方面的知识。

(二)安全用电注意事项

1. 不要超负荷用电,如空调,烤箱等大功率电器避免同时使用,以免线路过热引起火灾。

2. 不用湿手、湿布擦带电的灯头、开关和插座等。同时不要在潮湿的环境下使用电器,防止发生触电。

3. 电器不使用时,要做到人走电断。

4. 认识了解电源总开关,学会在紧急情况下关断总电源。

5. 不用手或导电物(如铁丝、钉子、别针等金属制品)去接触、探试电源插座内部。

6. 电线的外皮剥落,要及时更换新线或者用绝缘胶布包好。

7. 发现有人触电要设法及时关断电源;或者用干燥的木棍绝缘等物将触电者与带电的电器分开,不要用手去直接救人;年龄小的同学遇到这种情况,应呼喊成年人相助,不要自己处理,以防触电。

8. 严禁在电力线、高压线附近玩耍。

(三)触电后急救方法

1. 作为小学生,首先要向身边的大人求救。

2. 拨打 120 急救电话。

3. 将触电者脱离电源。

4. 发生电火灾时,要先断电源再灭火。

注意事项:没有关掉电源前不能用金属工具,或潮湿的工具。更不能用手直接去拉触电者。

(四)评价

1. 学生讲解安全用电体验。

2. 电的危害及处理方法。

☆ 学习评价

1. 学生完成安全用电活动相关文字内容（手抄报、习作）。
2. 通过知识考核，达标的可获得生活技能证中的第八证"安全防护证"。

设计者：林晓华

暖记忆 5　活动安全要牢记

⭐ 学习意图

　　坚持"安全第一,预防为主,综合治理"的方针,全面普及校园活动安全知识,不断提升学生活动安全的防范意识和能力,规范学校安全管理制度和管理行为,最大限度地消除隐患和减少事故,确保学生生命安全和校园稳定。

⭐ 学习目标

　　1. 使学生明白校内安全的重要性,知道校内哪些情况可能会对自己造成伤害以及应该怎样去防范。
　　2. 用正反事例来说明课间活动要守秩序。
　　3. 使学生明白在学校里参加游戏、运动等活动存在一定的不安全因素,要防止危险的发生,大家才能愉快又安全。

⭐ 适用年级

　　1—6 年级。

⭐ 学习活动

　　■ 一、谈话导入
　　1. 安全对于我们来说非常重要,在校园里活动也要时刻注意安全。
　　2. 学生自由谈谈发生在校园里的事故。
　　3. 发生在校园里的事故举例:
　　(1) 高空抛物,砸到同学。

（2）在教学区打闹，撞倒了同学，出现不应有的事故。

（3）攀爬护栏，摔到楼下。

…………

4. 教师总结：在校园里活动时我们一定要注意安全。

■ 二、 师生交流

（一）课间活动的安全教育

1. 上下楼梯要注意什么？

（1）学生讨论后，汇报交流。

a. 不要因为赶时间而奔跑。

b. 整队下楼时与同学保持一定的距离，不推不挤。

c. 上下楼梯手扶栏杆靠右行。

…………

（2）课件展示西安某所小学发生的楼梯内拥挤踩踏，致使 16 人受伤的较大安全事故，从而让学生进一步引起对安全的高度重视。

（3）课件出示《路队歌》，学生练读背诵。

安全第一要牢记，路队集合快齐静。

前后左右都看齐，不推不挤不打闹。

上下楼梯靠边行，手扶一侧成一队。

突发危险立即停，一切行动听指挥。

（4）学生亲身体验上下楼梯。

（5）教师总结：集体活动中要一切行动听指挥，守时、遵纪、讲文明。

2. 课间活动应该注意什么？

（1）学生讨论后，汇报交流。

a. 下课后可到室外呼吸一下新鲜空气，但不要远离教室，以免耽误下面的课程。

b. 活动要适当，不要做剧烈的运动，以保证继续上课不疲劳，精神饱满。

c. 活动时要注意安全，切记追逐打闹。避免发生扭伤碰伤等危险。

（2）学生亲身体验课间活动。

（3）教师总结：学校安排的两节课中间的休息时间是让同学们去洗手间或是

喝点水,也可以进行一些适量有益的活动。大课间的设置也是为了让同学们有足够的锻炼身体的时间。课间活动的时间短,全校学生同时活动,人数较多,因此,大家都要守秩序。

(二) 体育课、运动会的安全教育

1. 上体育课或参加运动会时应该怎么做?

(1) 学生讨论后,汇报交流。

(2) 教师总结:

a. 上衣、裤子口袋里不要装钥匙、小刀等坚硬、锋利的物品。

b. 不要佩戴各种金属或玻璃的装饰物。

c. 尽量不要戴眼镜。

d. 不要穿塑料底的鞋或皮鞋,应当穿球鞋或一般胶底布鞋等适合运动的鞋。

e. 衣服要宽松合体,最好不穿纽扣多、拉锁多或者有金属饰物的服装。有条件的应该穿运动服。

f. 对于那些感冒、发烧或身体感到不适的学生应让其及时去医务室或在场边休息。

2. 模拟体育课、运动会,学生亲身体验。

3. 活动进行中学生应该注意哪些安全事项?

(1) 学生讨论后,汇报交流。

(2) 教师总结:

a. 短跑等项目要按照规定的跑道进行,不能串跑道。一旦相互绊倒,就可能造成严重受伤。

b. 跳远时,必须严格按老师的指导助跑、起跳。这不仅是跳远训练的技术要领,也是保护身体安全的必要措施。

c. 在进行滑滑梯、跷跷板等游戏活动时,老师要注意巡视指导,以免学生身体受伤。

d. 前后滚翻、俯卧撑、仰卧起坐等垫上运动的项目,做动作时要严肃认真,不能打闹,以免发生扭伤。

e. 参加篮球、足球等项目的训练时,要学会保护自己,也不要在争抢中蛮干而伤及他人。在这些争抢激烈的运动中,自觉遵守竞赛规则对于安全是很重要的。

（三）巩固

1. 师生共同回顾校园活动中应注意的安全事项。

2. 同桌互相提问校园活动中应注意的安全事项。

■ 三、教师总结

校内安全不容忽视，希望同学们自觉遵守校规校纪，确保自身和他人的安全。

⭐ 学习评价

采用自评、互评、师评、家长评等形式考核，达到各段相对应要求，即可获本年级段生活技能证中的第五证"健康运动证"。参加校级赛事获前 6 名，参加区级赛事者，可破格获得此证。

设计者：孔庆军

暖记忆6 出行平安"红黄绿"

⭐ 学习意图

交通安全关乎生命,生命仅此一次,面对如此脆弱,如此不堪一击的生命,多一份小心,多一份关心,就会少一份失望,少一份灾难。因此我们要珍爱生命,尊重生命。让学生意识到如果没有交通规则,我们就无法约束自己,我们的生活就会混乱不堪,这样一来,我们的生命就会岌岌可危,因而,交通规则是与你我的生活密不可分的。

⭐ 学习目标

1. 通过学生对行路、骑车、乘车等知识的了解,提高学生的交通安全意识。
2. 通过学习有关安全知识,树立自护、自救观念,形成自护、自救的意识。

⭐ 适用年级

1—6 年级。

⭐ 学习活动

■ 一、活动内容
1. 知道不良交通行为有哪些类型。
2. 学习交通安全常识。

■ 二、学习过程

(一)列举交通安全事故(出示相关课件)

1. 1886 年德国人为世界上第一辆以汽油做燃料的机动车申请了专利,这是第一台现代汽车,它使人类进一步向现代文明迈进,但同时也带来了交通事故这一灰色阴影。交通事故给家庭带来巨大伤害,而中国是世界上交通事故死亡人数最多的国家之一。交通安全,一个关系人的生命、家庭幸福的话题。当一个鲜活的生命瞬间成为车轮下的亡灵时,当一个好端端的家庭因为惨痛的车祸而支离破碎时,怎能不让我们为之警醒呢?

2. 同学们,面对着这些触目惊心的交通事故,你将会对人们(如司机、行人、亲人、交通管理部门等)说些什么?

3. 教师总结:生命如此美丽,又是如此脆弱,我们一定要爱惜生命,提高交通安全意识。

(二) 不良交通行为大曝光

1. 马路上追逐打闹。

2. 跨越隔离墩。

3. 不满 12 周岁骑自行车。

4. 在大街小路上踢足球、捉迷藏。

5. 在马路、地下铁路上跳绳、跳方格。

6. 在较窄的街区马路上行走,几个小朋友一起横着走,妨碍他人行走和车辆行驶。

7. 骑车上下学一群人并排行驶,互相挤道。

8. 在马路上,骑着自行车闹着玩。

9. 隔着马路相互喊话、问候。

10. 走路只顾着谈天说地,不留意地面的情况;坐车时,把头、手伸出车外。

(三) 学习主要交通安全常识

1. 现在,我教大家学习三大本领:一会走路;二会骑车;三会乘车。(这三个"会"的含义就是要保障自己的人身安全)

(1) 走路时,要走人行道或在路边行走;过马路时,左右看,红灯停,绿灯行,不乱跑、不随意横穿,不在马路上追逐打闹,不攀爬栏杆,遵规矩,保生命。

(2) 乘车时,等车停稳先下后上;坐车时不要把身体的任何部分伸出窗外,也不要向车外乱扔东西。

(3) 不要搭乘超载车,如摩托等,更不要坐农用车,尤其是人货混装车。

（4）12 岁以下不要骑自行车。骑车时要靠右走，车速不能过快，更不能双手离把，不逆行，不要骑英雄车。自行车后座不能载人，骑车拐弯时要伸手示意。

（5）在道路上遇到突发事件，要立即去找大人帮忙。

（6）遇到交通事故，拨打 122 或 110 报警电话，同伴被车撞倒，要记下撞人车辆的车牌号，车身颜色或其他特征。

2. 师生合创骑车走路小歌谣：

> 走路要走人行道，不在路上打和闹。
>
> 不骑快车不抢道，靠右行车要记牢。
>
> 转弯慢行仔细看，不急躁来不猛拐。
>
> 遵守交规习惯好，健康平安幸福长。

（四）巩固

1. 师生共同回顾交通安全应注意的事项。

2. 检查巩固。

（五）总结

在父母眼里，你们是含苞欲放的花蕾；在老师眼里，你们是展翅待飞的雏鹰。父母、老师在期待着你们，美好的明天在期待着你们！为了更好地生活和学习，同学们一定要把交通安全牢记心中！

让我们齐唱《一路平安》这首歌。

⭐ **学习评价**

1. 举办交通知识擂台赛，评选"安全小卫士"。

2. 采取自评、互评、师评、家长评、现场考评等形式考核，达到各段相对应要求，可获本年级段生活技能证中的第八证"安全防护证"。

设计人：李道强

暖记忆 7　真演实练话消防

⭐ **学习意图**

对学生进行消防安全教育,是当前火灾形势和安全工作的需要,是提高全校火灾预防能力的一项群众性基础工作。学校人员相对集中,在发生火灾时,学生由于生理、心理等客观因素,更容易受到伤害。因此认真做好消防工作,对预防火灾的发生,减少火灾对学生的伤害,起着非常重要的作用。如果学生消防安全意识淡薄,消防常识缺乏,扑救火灾和逃生自救互救能力低下,一旦发生火灾,必造成严重后果。因此,要对学生进行消防安全教育,提高他们的消防安全意识。

⭐ **学习目标**

1. 学习并贯彻我国"预防为主,防消结合"的消防工作和基本方针,基本法规。
2. 了解消防安全常识,火灾扑救常识,重视安全,珍惜生命。
3. 学会正确使用液化气、煤气、电器等易燃易爆物品、危险品,掌握灭火方法,学会自救与逃生的方法。

⭐ **适用年级**

1—6 年级。

⭐ **学习活动**

■ **一、学习内容**

1. 师生观看消防安全教育专题节目,从中懂得日常消防措施、火场安全防护及逃生办法。

2. 进行有奖消防常识问答。

3. 全校师生开展消防演习。

■ 二、学习过程

(一)学生观看消防安全教育专题片

1. 全体师生(部分年级请家长参加)以班级为单位观看消防安全教育专题片,使大家懂得日常消防措施,了解火场安全逃生办法。

2. 组织学生讨论影片相关内容。

(二)消防常识有奖问答

1. 以班级为单位,将相关消防知识问题制成PPT,每个学生准备答题卡,老师播放问题,学生填答题卡。

2. 根据学生答题情况,每班评选出前十名学生进行表彰,使学生在消防知识有奖问答过程中掌握更多消防安全常识。

(三)全校师生开展消防演练

1. 消防战士向全体师生介绍日常消防安全注意事项,并实地演示如何正确使用灭火器。

2. 组织全体师生到学生公寓参加消防安全疏散预演,熟悉演练的过程、线路,了解相关要求。

3. 正式演练,在公寓楼各个出口燃放烟雾,师生进行火场逃生演练。

⭐ 学习评价

1. 通过消防知识问答考核,达标的可获得生活技能证中的第八证"安全防护证"。

2. 表彰消防演习活动中表现突出的学生。

设计者:胡春娇

第三篇
感受亲情的伟大

亲情在每一个人的心中都存在着。一提起亲情，就让人感受到亲切、温暖。亲情，一份多么伟大的力量啊！

暖记忆 8　爱的孕育

⭐ 学习意图

现阶段的孩子大多是独生子女,他们备受父母的关心和爱护。渐渐地,有些学生变得自私、冷漠,不懂得关爱,只要求别人关心自己而自己却从没想过如何关心别人。尤其是高年级的孩子似乎很少对父母表示出关爱。设计此次教学活动,旨在唤醒孩子们的心灵,润泽他们的情感世界,感受父母养育的伟大、亲情的温暖,从而培养孩子的感恩意识。

⭐ 学习目标

1. 了解父母给予我们生命和爱,要学会感恩,回报父母,做一个有孝心的孩子。
2. 感受每一个生命都是来之不易的,培养热爱生命的美好情感。
3. 通过洗脚、捶背、献花、写信等活动,表达自己对父母的感恩和孝心。

⭐ 适用年级

5—6 年级。

⭐ 学习活动

■ 一、学习内容

1. 通过故事、视频让学生体会每一个生命都是来之不易的。
2. 谈母爱,回忆成长中爱的点滴,不忘养育之恩。
3. 观看邹越"感恩"演讲视频,懂得孝敬、感恩父母。

4. 鲜花寄语,传递爱的接力棒。

■ 二、 学习过程

(一) 聆听故事、观看视频,体会生命的神奇

1. 故事:《有一个菩萨叫"妈妈"》

同学们,老师今天带来一个故事,你们想听吗? 那么就认真听老师讲这个故事,并且想一想:听了这个故事,你有什么感受? 待会儿一起交流。

学生听故事。

交流感受。

2. 视频:《十月怀胎,一朝分娩》

教师播放视频,学生观看。

讨论:看了视频,你想对自己的妈妈说些什么?

(二) 回忆爱的片段,不忘养育之恩

我们每一个人,都是在妈妈的关爱中成长了,每一天、每一时、每一刻,妈妈的关爱都无微不至,我们一起共同回忆一下,自己的妈妈在平时的生活当中,是怎样爱自己的?

学生畅谈自己的母爱故事,教师进行下面五个方面的小结梳理:

1. 喂奶——乳汁哺育孩子成长。

2. 学走路——放手教会勇敢、坚强。

3. 生病——爱的陪伴与呵护。

4. 洗衣做饭、饮食起居——生活细节体会母爱。

5. 妈妈的唠叨——爱的唠叨、特别的爱。

教师小结:同学们的交流,感动了老师,这就是妈妈给我们的爱,虽然都是那么平凡,那么微小,却使我们感动终身。

(三) 邹越"感恩"演讲视频

去年,我们学校邀请了邹越老师做"感恩"的现场演讲,部分家长和同学参加了活动,大家都被邹越老师的演讲感动了。现在,老师准备了邹越老师的视频,你们想看吗?

播放视频,学生观看。

交流观看感受。

(四) 一封写给妈妈的信

每名同学写一封信,表达自己对妈妈的感谢,并将信亲手交给自己的妈妈,将孝心寄于行动。

⭐ **学习评价**

开展一次"孝德修养证"评选活动;开展"孝德之星""孝德之家"评选。

设计者:朱培蕾

暖记忆 9　爱的呵护

⭐ **学习意图**

美籍华裔心理学家安吉拉·李·达克沃斯（Angela Lee Duckworth）曾经提出，父母应该和孩子分享自己的艰辛经历，才能够让孩子真正学会如何以感恩的心态面对一切。通过"妈妈的手"一课，让孩子们真切地感受到，自己的小手是如何在一双大手的呵护下茁壮成长的；让孩子们了解，那一双大手曾经在呵护的途中，受过多少风霜；让孩子们真心地握着妈妈的手，感受那份世界上独一无二的温暖与呵护……从而心生感恩，怀揣感恩，报得三春晖。

⭐ **学习目标**

1. 通过活动，感受妈妈的手，体会妈妈的辛劳。
2. 通过直观的信息及美丽的回忆，了解妈妈的手都经历了哪些事情。
3. 通过"妈妈的档案"采访活动，感受母爱的伟大。

⭐ **适用年级**

1—6 年级。

⭐ **学习活动**

■ 一、活动内容

1. 通过"寻找我的妈妈"的活动，感受妈妈的温暖。
2. 欣赏大手牵小手的图片，感受母爱的力量。
3. 联系生活实际，发现妈妈的手都做了些什么，从回忆细节中感悟母爱的力量。

4. 爱要大声说出来,大声说出对妈妈的爱。

■ 二、活动过程

(一)亲情互动导入:心手相连(找妈妈)

1. 活动规则:请四位妈妈上来,伸出一只手,再请一名同学上来,蒙住双眼。该同学去抚摸四位妈妈的手,在她们之中找出自己妈妈的手。

2. 看图片猜谜语:五个兄弟,名字不同,高矮不齐,有骨又有肉。(谜底是"手")

(二)爱的回忆,让生命充满爱

1. 大手牵小手图片解析:

每个人都有一双属于自己的手,你们的小手是牵着父母的大手长大的。成长是一条漫长的路,但是因为有了父母的陪伴,成长又是一段充满爱的旅程。

说到这儿,老师忍不住想和你们分享一些温馨感人的画面。(幻灯片配乐播放)

孩子们,你们是否也见过这样的画面呢?

2. 说一说"妈妈的手"。

(1)回家后仔细抚摸了妈妈的手,现在你能说说"妈妈的手"是怎样的吗?

(2)学生交流对"妈妈的手"的感受。

3. 你知道妈妈的手每天都要做些什么吗?

(1)学生交流。

(2)细数妈妈的手一年所做的事情。

做饭_____次,洗衣服_____次,做家务_____次,整理房间_____次。

4. 回顾妈妈的养育之恩。

(三)妈妈的档案交流会

1. 这里有一份妈妈的档案,你能说出几条来?

2. 档案内容:妈妈的生日、爱好、最喜欢吃的菜、最喜欢的衣服……

(四)爱的诉说

1. 妈妈是如何爱你的?

2. 有没有做过对不起妈妈的事?

3. 你将用怎样的行动让自己成为妈妈心目中的好孩子?

(五) 为妈妈献礼,齐唱《妈妈的手》

⭐ **学习评价**

1. 抽查学生是否学会唱《妈妈的手》。
2. 调查学生是否记住了妈妈的生日、爱好、最爱吃的菜和最爱穿的衣服等。

设计者:杨红霞

暖记忆 10　我与父母

⭐ **学习意图**

　　人在童年时期,对父母有着深深的依赖。孩子在父母的关怀和照顾下,逐渐长大成人。家是一个人的根,在家庭中可能没有惊天动地的感人故事,有的只是平凡朴实的细微小事,可就是在我和父母平凡的故事里,却饱含着父母的深情。

　　引导学生从平凡的小事中去发现长辈的爱,激发尊重长辈、孝敬父母的情感,弘扬和培养孝德意识,继承和发扬中华民族的传统美德。

⭐ **学习目标**

　　1. 学生回忆和父母一起度过的温馨快乐的时光,在不知不觉中拨动情感之弦,在畅所欲言中感受真情。

　　2. 充分认识到生命是父母赋予的,体会父母为养育自己付出的辛劳。

　　3. 通过讲述亲情故事,促进学生形成孝敬父母、尊敬长辈的意识,学会尊重、理解父母。

⭐ **适用年级**

　　1—6 年级。

⭐ **学习活动**

■ **一、学习内容**

1. 观看体现父爱、母爱的视频,感受爱的温暖和伟大。

2. 分享子女孝敬父母的感人事迹,懂得孝敬父母。

3. 畅谈自己的亲身体会,与同学分享自己和父母的故事、影集。

■ 二、学习过程

(一)观看视频

1. 组织学生观看《海洋天堂》。

2. 交流观后感:影片中的父母为孩子做了什么? 你感受到什么? 你怎么看待影片中父亲的行为?

3. 小结:子女是父母生命的延续,是感情的归属。父母为我们付出了太多太多。父母恩,勿忘报。我们要永远地记住父母的恩情,用爱和孝敬来回报他们的养育之恩。

(二)亲子故事分享会

1. 说一说:回忆分享,在你成长过程中,父母为你做的令你最感动的事,说说自己当时的感受。

2. 夸一夸:父母每天都为我们忙碌着,舍不得停下匆匆的脚步,他们含辛茹苦地养育我们成长,承担着生活的重担。请学生夸夸自己的父母。

3. 听一听:老师与大家分享子女孝敬父母的真实故事。

(1)讲述孝敬父母的故事。

(2)交流故事中人物的做法。

(3)思考:孝敬父母,我们能做些什么?

(4)小结:儿童时期我们能为父母做的,就是关心、体谅父母,使自己优秀,尽量不让父母为自己忧虑、烦恼。

4. 抱一抱:请同学们拥抱自己的父母,和父母说几句悄悄话。

⭐ 学习评价

1. 学生做一张《我和父母的故事》故事卡,记录自己和父母之间的故事,定期交流。

2. 颁发"孝德修养证"。

设计者:毛淑艳

暖记忆 11　拥抱亲情

⭐ 学习意图

　　孝敬父母是中华民族的传统美德,是做人之本。乌鸦尚有反哺之义,羊也有跪乳之情,父母对我们的恩情深如海,我们又怎能不常怀感恩之心呢？我们又拿什么来报答我们的父母呢？通过感恩父母的教育,让学生了解父母,感受爱的无私,体验亲情的伟大;学会如何去理解父母、尊敬父母、体谅父母;学会与父母和谐相处,从现在做起,从点滴做起。

⭐ 学习目标

　　1. 了解父母之爱,感受父母之情,体验亲情的无私和伟大,即让学生懂得为什么要感恩父母。

　　2. 通过活动,自主反思,体验感悟,感恩父母。

　　3. 通过实践活动,自信、大胆地说出对父母的爱。

⭐ 适用年级

　　3—6 年级。

⭐ 学习活动

■ 一、学习内容

1. 听故事,问卷调查,感受父母之爱的伟大。

2. 自主反思,抒发心声。

3. 活动实践,大声说出对父母的爱。

■ 二、 学习过程

(一) 问题导入,故事再现

1. 大家知道这个星期天是什么特殊的日子吗?

过渡:说起母亲节,大家自然地想到了自己的妈妈,想到全天下最无私的爱——母爱。关于母爱,我这里有两个真实的故事想和大家一起分享。

2. 故事分享。

故事一:都江堰民宅坍塌

故事二:《天亮了》真实事件

(1) 听了故事,你想说些什么?

(2) 小结:世界上最伟大的爱,莫过于父爱与母爱。鲜花可以枯萎,沧海可变桑田,但父母的爱,却永远留在我们的心间。

(二) 感受父母之爱

1. 问卷调查反馈。

综合实践活动《感恩父母　拥抱亲情》调查问卷

班级＿＿＿＿＿＿＿＿＿　　学生姓名＿＿＿＿＿＿＿＿＿

(1) 爸爸、妈妈每天早上几点起床?几点上班?晚上几点下班?

(2) 下班回家后,还要为你做些什么?

(3) 爸爸妈妈每月为你花费的钱占了工资的多少?为自己花费的钱占了工资的多少?

(4) 爸爸妈妈知道你生日吗,给你过生日吗?

(5) 你知道爸爸、妈妈的生日吗?知道他们最喜欢吃什么?最喜欢什么颜色?

(6) 你知道爸爸妈妈什么时候最开心,什么时候最伤心?

(7) 你知道爸爸妈妈的健康状况吗?

(8) 爸爸妈妈对你寄予了什么希望?

2. 投影展示小组完成的调查问卷。

3. 小结：通过问卷调查，我们才发现对爸爸妈妈的了解真是太少了。知道为什么吗？因为爸爸妈妈对我们的爱要多于我们对他们的；正因为他们的这种爱，才使得他们对我们的了解远远超过我们对他们的。同学们，请让我们把父母的爱铭记心中。

（三）体验父母情

过渡：当我们刚刚睁开双眼，看到的是父母的笑脸；当我们刚刚学走路时，听到的是父母鼓励的声音；当我们生病时，父母深夜送我们去医院……我们在父母的关爱下一天天成长，父母把点点滴滴的血泪之爱融入我们的每一寸肌肤，而这些，或许我们并未曾用心留意过，那么，请同学们用 90 秒静静回想，父母对我们的关爱有哪些。

1. 父母一天中为我们做了些什么？

2. 请以爸爸、妈妈的_____（头发、手、皱纹）为题，描述自己的父母。

（四）心灵表白

1. 你们想要为父母做些什么呢？

2. 学生发表自己的心声。

3. 小结：是呀，父母的爱是无私的，他们从不求回报。其实有时一个小小的举动可以让他们得到安慰，老师知道你们很懂事，比如送他们一句温馨的祝福；给他们讲一个开心的故事；陪他们说说话；给他们捶捶背、搓搓手；帮他们做做家务：扫扫地、叠叠被、洗洗碗……我们要用行动来回报他们那无私的爱。

（五）感恩行动

1. 播放《感恩的心》这首歌。

2. 把自己最想对父母说的话，写在准备好的彩色感恩卡上，写完后交流分享。然后放学后将卡片送给父母，把你最想说的话说给父母听，并给他们一个拥抱。

（六）总结

大自然中的小草感恩漫漫春晖，羊有跪乳之情，鸦有反哺之义，爱是一种无尽的付出，也是一种收获的快乐。父母长辈之爱，是人生一笔无尽的财富，也将是每个人一生中最美的回忆！让我们以最朴实的行动来回报他们的爱。

⭐ 学习评价

1. 这次实践课，活动密切结合学生的生活实际，让学生的情感在一次又一次的体验和感悟中不断发展深化，使他们在体验中感悟，在感悟中成长。

2. 学生深切感受到了父母为孩子所做的一切都是不图回报、无私的，也意识到了自己在生活中主动为父母、为家庭做一些力所能及的事就是对父母的感谢与感激。

设计者：吕霞

暖记忆 12　温馨港湾　　⚐

⭐ 学习意图

　　孝德是中华民族的传统美德,更是学生德育的突破口,而孝敬父母的教育一直以来也是我们学校的德育特色,开展这堂活动课可以使学生深度理解"家"的含义,体会父母为家的付出,培养学生爱父母,理解父母,进而孝敬父母的意识,引导学生同父母一起创造温馨的家。

⭐ 学习目标

　　1. 理解"家"的含义,感受家给我们带来的温馨之情。
　　2. 了解父母对我们的养育体现在抚养和教育两个方面,懂得孝敬父母最基本的要求是理解父母、敬重父母。
　　3. 用实际行动来孝敬父母,懂得与家人一起创造温馨之家。

⭐ 适用年级

　　5—6 年级。

⭐ 学习活动

　　■ 一、学习内容
　　1. 理解"家"的含义,感受"家"的温馨。
　　2. 想想我们在家应该怎么对待父母,为父母能做哪些力所能及的事情。
　　3. 体会父母为家的温馨做了什么,想想我们可以为家的温馨做些什么。

■ 二、学习过程

(一) 播放广告,感知家的含义

1. 播放公益广告"Family",从中明白家的含义。

2. 学生交流广告的内涵,谈谈自己对"家"的理解。

3. 小结:家,一个多么熟悉的字眼,它不仅仅是一幢房子,是家人归宿的地方,更是与自己至亲至爱的人组成的一个集体。

(二) 照片展示,感受温馨之意

1. 课件循环展示一组体现家庭生活温馨场面的画面。

(1) 欣赏:感受家的温馨。

(2) 交流:你最喜欢哪张照片? 为什么?

(3) 小结:老师发现同学们都喜欢充满欢声笑语的家,都享受着家给予我们的爱,也都感受到了家给我们带来的温馨。

2. 分享我的温馨:学生展示自己准备的照片,并加以文字讲解,诠释家的温馨。

(三) 讲述故事,体会温馨之情

1. 学生讲述自己家里温馨的故事。

2. 学生体会温馨之情。

3. 小结:听了大家的故事,同学们一定感受到满满的爱的存在,一定体会到温馨的家给大家带来的爱、温暖和归属感。

(四) 温馨之"家",从我做起

1. 演一演:今天我当家。

2. 说一说:为了家庭的温馨,我可以做些什么呢?

3. 做一做:

护家,主动打扫家里的卫生,保持家的干净整洁。

想家,时刻不忘自己的家和家里的亲人。

理解父母,体谅父母,孝敬父母,打造和谐的亲子关系。

⭐ **学习评价**

1. 完成一份以"家,温馨的港湾"为主题的手抄报或习作。
2. 颁发"孝德修养证"。

设计者：张弛弘

暖记忆 13　孝从心始

⭐ 学习意图

　　百善孝为先。孝敬父母是中华民族的传统美德,是我们作为儿女理应尽的一份义务。本活动将引导学生从"感受孝""知孝心"和"尽孝道"三个方面感受父母为自己的付出,明白孝敬应如何行动,让孝行在我们的日常生活中得以体现。

⭐ 学习目标

　　1. 感受父母给予我们的爱。
　　2. 分辨孝行,知晓孝心。
　　3. 将孝践行在我们的日常生活中。

⭐ 适用年级

　　1—3 年级。

⭐ 学习活动

■ 一、学习内容
1. 感受父母对我们的爱。
2. 辨析生活中的孝与不孝的行为。
3. 孝敬父母,我们可以怎么做。

■ 二、学习过程
(一) 发现爱　感受爱
1. 观看视频:《怀胎十月》和"爸爸妈妈抱孩子撑伞"的照片。

2. 谈谈你的感受。

3. 说说父母关爱自己的小故事。

（二）辩行为　知孝心

1. 出示材料，你来辨一辨：

一个星期天的中午，全家人围着饭桌在吃饭，轩轩将盘中的鸡腿夹给妈妈，看到爸爸的饭吃完了连忙接过碗帮爸爸盛饭。饭后爸爸有事出去了，妈妈忙着收拾餐桌、洗碗扫地，轩轩却躺在沙发上玩着手机游戏。晚饭后妈妈觉得头有点疼就在卧室里休息，轩轩缠着妈妈带他去买喜欢的玩具，经过爸爸的再三劝说，轩轩才垂头丧气地回到自己的房间。

2. 交流：对材料中轩轩的做法你是否赞成？

3. 生活中，我们也会这样，有时让父母省心高兴，有时让父母生气难过，能说说你让父母省心高兴或生气难过的时候吗？

（三）行孝道　践孝行

1. 作为一名小学生，你打算如何行孝呢？

（1）生活中力所能及的事情。

（2）做好自己。

（3）表达心意。

⭐ 学习评价

1. 完成一份《我的孝心在行动》的任务卡。

2. 颁发"孝德修养证"。

设计者：张弛弘

第四篇
感恩，柔软而神奇的力量

感恩，柔软却有着神奇的力量。我们开展感恩主题活动，让一棵小树、一滴水，都成为感恩的对象；让一个微笑，一次敬礼，都化作感恩的行为。

暖记忆 14　爱护每棵小树

⭐ **学习意图**

感恩是一种善行，我们不仅要感恩一切善待自己的人，更要感恩世间万物。感恩是一种生活态度，是一种品德，更是一种大智慧。

随着时代的发展，人们的经济意识越来越强，人类赖以生存的环境却受到了严重的破坏，各种污染接踵而至，环境保护任重道远。对少年儿童的环境保护意识的培养和教育，不仅迫在眉睫，而且具有重大和深远的意义。

学校通过开展以"感恩自然"为主题的活动，将感恩意识融入到环境保护当中。让小学生从小了解大自然对我们的恩赐，学会珍惜，懂得回报自然。教会他们从一件件小事做起，培养美德，陶冶情操，让小学生懂得知恩于心，报恩于行。

⭐ **学习目标**

1. 了解有关植树节的来历及其重大意义。
2. 了解大自然对我们的恩赐，感恩自然，保护环境。
3. 增强绿化意识，爱护花草树木。
4. 培养搜集资料，处理信息的能力。

⭐ **适用年级**

1—6 年级。

☆ 学习活动

■ 一、学习内容

1. 引导学生主动收集植树节的资料、动手绘画,感受生命的气息。

2. 听环保知识小讲座。

3. 我为校园添新绿。

4. "感恩自然"朗诵比赛。

5. 我为环保进言献策。

■ 二、学习过程

(一) 学生搜集资料,了解植树节知识

1. 低年级学生可进行"小树、小树,我爱你"主题绘画大赛,宣传环保理念的同时传递感恩之情。

2. 高年级学生主动搜集植树资料(由来与传说、习俗、诗歌),加深对植树节的认识。

(二) 听环保知识小讲座

1. 组织学生观看《环保知识小讲座》专题片。

2. 交流观后感受。

(三) 我为校园添新绿

1. 学校准备好浇水工具,分发给各个班级。

2. 师生一起给校园绿色植物浇水、拔除杂草。

(四) "感恩自然"朗诵比赛

1. 搜集以"感恩自然"为主题的诗歌或文章。

2. 以班级为单位组织朗诵比赛。

3. 比赛内容:朗诵＋赏析。

(五) 开展"地球,我的家"进言献策活动

1. 老师为孩子们描述:

(1) 环境现状。

(2) 绿色植物的作用。

（3）我们与环境的关系。

2. 孩子们小组讨论，畅所欲言，为保护环境提出自己宝贵的建议。

⭐ 学习评价

1. 学生搜集资料，了解植树节知识。

2. 我为环保进言献策。

3. 学生完成"我爱小树"的绘画作品，并评出优秀作品。

4. 表彰朗诵比赛优秀学生。

5. 师生共同总结本次活动收获及感触。

6. 表彰获得"孝德修养证"的同学。

设计者：马加雯

暖记忆 15　节约每滴净水

⭐ 学习意图

水,是一切生命之源。有了它,才构成了这个蔚蓝的星球;有了它,整个世界才有了生命的气息;有了它,我们才有了一切!

可是在我们身边,却还存在着各种水资源浪费现象,从饮用水到厕所用水,再到洗涤用水……可这在某些人看来,又是多么"平常"。我国有80%的城市缺水,15%的城市严重缺水。谁有理由不珍惜水、节约水呢?

我们也许不能为节约用水做出了不起的大事,但可以从自身做起,积极宣传节约用水的意义,提高人们的节水意识。

"感受小水滴的光",让人们提高节约用水的意识,并合理用水,高效率用水,不浪费水资源。让每一个孩子成为我们的宣传员,为每个家庭带来节水的意识和切实可行的方法,让生活中多一些节约之美。

⭐ 学习目标

1. 了解日常生活和生产建设都离不开水,我国有许多地方水供应不足。
2. 知道节约用水,人人有责,愿意节约水。
3. 并对浪费水的现象在力所能及的情况下加以劝阻,进行节约用水的宣传。

⭐ 适用年级

1—6年级。

☆ **学习活动**

■ 一、学习内容

1. 引导学生主动搜集水的用途资料。

2. 观看水资源知识小讲座，了解我国一些地区水资源紧缺的事例。

3. 看周围的人如何使用水资源，并谈谈自己的感受。

■ 二、学习过程

(一) 学生搜集资料

1. 低年级学生主动搜集水资源资料，加深对"水"与生命存在密不可分的认识。

2. 高年级学生收集有关水的诗词歌赋，感受大自然中水的光芒与魅力。

(二) 交流分享资料

1. 学生汇报搜集的资料。

2. 谈谈自己的感受。

(三) 观看《水资源知识小讲座》

1. 学生通过电视收看《水资源知识小讲座》，了解现实生活中水资源的分布情况，以及缺水地区人们艰困窘迫的生活。

2. 学生交流感想。

(四) 话题交流：如何正确使用水

1. 了解周围的同学做法，拍摄孩子们不正确用水的照片。

2. 出示生活中学生用水照片，引发思考：

(1) 洗完手没关水龙头，水哗哗的流。

(2) 几个学生接水喝，水杯内外到处都是水。

(3) 洗拖布时，一直开着水龙头冲洗。

3. 展开交流讨论：

你觉得怎么做才是对的？

生活中还有浪费水的现象吗？

你有更好的节水方法吗？

今后你打算怎么做?

怎么样才能把你的感受与身边的人分享,让他们也和你一样,爱水、节水、护水?

4. 制作节约小卡片,张贴到你认为有需要的地方。

(五)评价

1. 学生畅谈学习体验。

2. 访谈参与家长的感受。

3. 师生共同总结本次活动收获及感触。

⭐ **学习评价**

我校"孝德修养证"的评奖细则第四条目中我会勤俭节约,低年级要求做到接完水后随手关紧水龙头,中段要求做到洗拖把、洗澡时,节约用水,高年级要求做到废物、废水再次利用。根据低中高不同的标准进行讲评,并颁发"孝德修养证"。

设计者:张彦彦

暖记忆 16　送你一个微笑

⭐ 学习意图

　　微笑是善良、友好、赞美的象征,是对他人理解,关爱的表达,微笑的内涵博大而富有感染力。关爱他人、懂得谦让、乐于奉献、学会感恩,这些都是中华民族优良的传统美德。面对童年的小学生,为了孩子们能健康成长,教师有责任在他们幼小的心里播撒下美的种子。生活中,微笑就是人与人之间沟通的有效载体,虽然微小,但非常贴近学生的生活。通过教育学习,引导学生感受微笑的力量,寻找身边的微笑,并让孩子学会微笑,传递微笑。

⭐ 学习目标

　　1. 在活动中了解"微笑"的内涵,懂得宽容、关爱是一种美德。

　　2. 组织"送微笑"活动,在实践中体会给予是快乐的,得到别人帮助更是幸福的。

　　3. 懂得在他人遇到困难时应该伸出援助之手,把关心他人看作是自己生活中快乐的一部分。

　　4. 通过活动,明白在得到他人帮助时,心怀感恩,学会微笑。

⭐ 适用年级

3—6 年级。

⭐ 学习活动

■ 一、学习内容

1. 引领学生感受微笑。

2. 走进微笑,学会微笑。

3. 组织送微笑活动。

4. 交流活动感受。

■ 二、 学习过程

(一) 感受微笑

1. 学生展示搜集的文字资料,了解微笑的意义。

(1) 课件出示学生搜集到的文字资料。

(2) 交流微笑的深刻意义。

2. 观看"世界微笑日"专题报道纪录片,学会友好微笑。

(1) 教师提前准备好视频资料。

(2) 播放视频,师生观看视频。

(3) 师生交流"世界微笑日"的意义,同学之间相互友好地送出自己的微笑。

(二) 走进微笑

1. 搜集微笑给他人带来帮助的真实案例,体会微笑的力量。

(1) 学生交流自己身边的微笑案例。可以是校园内的、家庭的,也可以是公共场所的,等等。

(2) 教师出示相关视频《天使的微笑》,学生观看,交流感受和体会。

(3) 明白微笑的力量是无穷的。

2. 组织全体师生观看"微笑与人格"的专题讲座,撰写微笑格言。

(1) 观看"微笑与人格"的专题讲座。

(2) 出示相关名人"微笑与人格"的名言。

(3) 师生试着写写自己的微笑格言。

(三) 送出微笑

1. 准备制作"微笑卡",为他人送上自己的微笑格言。

2. 在生活中践行"微笑",让生活充满爱的阳光。

3. 进行"寻找微笑,感受微笑,送出微笑"为主题的小品展示活动。

(四) 交流感悟

1. 学生交流"微笑"的意义。

(1) 先 4 人小组交流。

（2）小组推荐一名学生发言。

2. 学生交流学习后的收获和体会。

（1）先 4 人小组交流。

（2）各小组推荐一名学生发言。

（3）全体学生交流。

3. 教师小结"送你一个微笑"带给他人的帮助和意义。

⭐ 学习评价

1. 友好礼仪地对同学送出自己的微笑。

2. 部分同学现场制作手抄报"送你一个微笑"。

3. 部分同学以"感恩·微笑"为话题真情写话。

设计者：姜金友

暖记忆 17　递上一份温暖

⭐ 学习意图

　　人生最温暖的是什么？不是寒冬的炉火，不是三月的春风，而是纯真的友谊。人的一生，没有友谊，就像土地没有绿色。友谊是一首动听的歌，朋友就像那首歌的音符，传唱着动人的旋律。因此，常念他人之好，对朋友心怀感恩，才会体味生命的真谛，感受生活的幸福与快乐。在学会感恩的日子里，学校举行了丰富多彩的感恩活动，让学生感受到拥有一些好朋友是一件非常快乐的事。教师要引导学生善于发现朋友身上的闪光点，懂得朋友之间应该互相关心，互相帮助。

⭐ 学习目标

1. 感受友谊的可贵，知道拥有一些好朋友是一件非常快乐的事。
2. 知道朋友之间应该互相关心、互相帮助。
3. 学会欣赏与宽容，善于发现朋友身上的闪光点，并乐意向其学习。
4. 学会表达自己的感激之情，懂得感恩朋友。

⭐ 适用年级

　　3—4 年级。

⭐ 学习活动

■ 一、学习内容
1. 欣赏音乐、图片，知道拥有朋友是一件快乐的事。
2. 通过回忆往事，分享优点，实话实说等活动，知道朋友间应该互相关心，互相帮助,相互促进。

3. 学会感恩,写"闪光卡",制作"感恩卡"等,感受友谊的可贵。

■ 二、学习过程

(一) 配乐欣赏图片,感受有朋友的快乐

1. 播放音乐《朋友》,出示马克思和恩格斯的照片,毛泽东和周恩来的照片,朋友们开心相拥的照片,感知有朋友的快乐,感受友谊的可贵。

2. 说说自己最好的朋友的优点,回忆往事,分享朋友间互相帮助,互相关心等快乐的事情。

(二) 握握手,学会互助

1. "实话实说"活动。

(1) 实话实说,真实说出你和朋友在相处中的烦恼。

(2) 互动交流:让我们一同为你排忧解难。

2. 话题小结。

引导学生懂得真正的友谊需要相互帮助,真正的友谊更需要相互宽容,相互理解。

(三) 学会赞美,学会感恩

制作"感恩卡、闪光卡"。将"感恩卡、闪光卡"送朋友。

(四) 活动评价

1. 畅谈体会:朋友之间该如何互助互爱。

2. 总结本次活动的收获。

3. 课后办一期感恩黑板报。

⭐ 学习评价

1. 学生制作完成"感恩卡、闪光卡"等作品。

2. 班级搜集学生"感恩卡、闪光卡"等作品,汇集成册。

3. 表彰获得"孝德修养证"的同学(达到第三条"我会助人为乐")。

设计者:李翠霞

暖记忆 18　奉献一份真情

⭐ **学习意图**

　　滴水之恩,当涌泉相报。自古以来,人类感恩的美德一直在延续。然而,现在的小学生,大多数是独生子女,特殊的家庭地位,使他们形成了以"自我为中心"的心理状态,以至于冷眼横对,甚至漠视身边平凡岗位上付出辛勤劳动的人们,认为所有人的付出都是应该的。其实,正是因为那些平凡的劳动者,我们的家乡才发生了日新月异的变化。

　　我们常说"教书育人",感恩教育实际上就是育人教育中的重要组成部分。我们的思想教育,不能只停留在讲大道理和传授知识上,更要教育孩子们懂得做人的道理。对小学生实施感恩教育,提升学生们的思想素质,培养高尚的道德情操就显得尤为重要。学校开展的一系列感恩活动,旨在通过这些活动,使学生体会到生活中的平凡之爱,时时保持一颗感恩的心来对待身边的人,使学生在生活中理解爱、感悟爱。

⭐ **学习目标**

1. 让学生明白家乡的发展变化与平凡岗位上的劳动者是密切相关的。
2. 用心感受发生在平凡人身上"不平凡"的事,感恩他们的付出。
3. 能以恰当的方式表达对平凡人的感激之情。

⭐ **适用年级**

1—6 年级。

⭐ 学习活动

■ 一、学习内容

1. 引导学生主动搜集各个工作岗位上平凡人的事迹。

2. 收看《感动中国 2014 十大人物事迹颁奖晚会》，感受获奖人物的不平凡。

3. 游戏："传递明信片"。

■ 二、学习过程

(一) 学生课前搜集资料，了解各个工作岗位上平凡人的事迹

1. 低年级学生观看警察、售票员、保洁员辛苦工作的视频，了解他们的不平凡。

2. 高年级学生主动搜集身边各个工作岗位上平凡人的不平凡事迹。

(二) 交流资料

1. 学生汇报自己课前搜集的资料。

2. 学生交流自己听后的内心感受。

(三) 收看《感动中国 2014 十大人物事迹颁奖晚会》

1. 播放视频，学生收看《感动中国 2014 十大人物事迹颁奖晚会》。

2. 师生交流体会，畅谈感想。

(四) 游戏：角色扮演，传递明信片

1. 分组，自主选择生活中的各个岗位，分角色体验。

2. 请学生向这些平凡岗位上的人说说感激的话。

3. 学生自己动手制作一张明信片，在明信片上写下自己的赠言，送给最想感激的劳动者。

(五) 总结

1. 学生畅谈自己所扮演的平凡岗位的劳动者的体验。

2. 师生共同总结本次感恩活动的收获。

⭐ 学习评价

表彰获得"孝德修养证"的同学。

设计者：陈媚婷

暖记忆 19　祖国在我心中

⭐ 学习意图

　　中国是一个具有悠久历史的伟大国家，千百年来，无数的先辈们历经千辛万苦，终于让祖国走上繁荣昌盛之路。"前人栽树，后人乘凉"，我们在享受今天美好生活的同时，要体会他们的辛劳，感恩先辈，报效祖国。

　　五星红旗是祖国的象征，了解新中国成立的历史，对学生进行爱国主义教育，是学校感恩教育系列的一部分。通过活动，让学生了解先辈的奋斗史，常怀感恩之心，继承和发扬先辈的优良传统，牢记重托，争当热爱祖国、勤奋学习、追求上进的好学生。

⭐ 学习目标

　　1. 了解国旗知识及新中国的历史，知道先辈们所付出的牺牲和努力，明白今天幸福生活的来之不易。

　　2. 感恩先辈，学习先辈们伟大的革命精神，树立弘扬革命精神、建设祖国的远大理想。

⭐ 适用年级

　　3—6 年级。

⭐ 学习活动

■ 一、学习内容

1. 回顾升旗仪式，了解国旗知识，激发学生的爱国热情。

2. 了解新中国的奋斗历史,学习先辈们的革命精神。

3. 畅谈今日的幸福生活,感恩先辈的付出,树立远大理想。

■ 二、 学习过程

(一) 学生回顾我们学校的升旗仪式,了解国旗知识

1. 回顾我们每周的升旗仪式。

升旗仪式:①宣布升国旗;②全体肃立,出旗、奏乐;③升国旗、奏国歌、敬礼;④唱国歌;⑤国旗下的讲话;⑥升旗仪式结束。

2. 播放天安门升旗仪式视频,全班学生向国旗敬礼。

3. 了解国旗知识,明白国旗颜色及五角星的含义。

中华人民共和国国旗,又称五星红旗,旗面红色,象征革命,五角星为黄色。大的那颗五角星象征着中国共产党,四颗小五角星象征着在中国共产党领导下的全国各族人民,也指当时的四个阶级:工人阶级、农民阶级、城市小资产阶级和民族资产阶级。四颗小五角星各有一只角正对着大星的中心,象征着共产党领导下的全国人民大团结。

(二) 借助视频了解国旗的诞生和新中国成立的历程

视频播放国旗诞生的历史背景,了解革命先辈为了新中国的成立所付出的努力。

(三) 畅谈今日幸福生活

1. 结合视频,回顾先辈们奋斗的历程,谈谈自己的感受。

2. 小组讨论:说说从今天的活动中了解了什么知识,明白了什么道理? 尤其是结合学校的四证评选,谈谈自己的想法。每组选出一名代表发言,谈谈大家的收获。

3. 总结学生发言并予以积极评价。

教师引导:生活在这美好的社会中,我们应该懂得珍惜先辈的付出,学会报效祖国,我们应该响应学校的"四证四强"评选活动,争做"四证"少年,争做懂得感恩、立志有为的少年。

4. 再次播放天安门升旗仪式视频,全班学生向国旗敬礼。

⭐ **学习评价**

交流自己了解的国旗知识，表彰获得"孝德修养证"的同学。

设计者：黄水林

第五篇

优雅是不会褪色的美

言有礼,行有规,讲文明、守秩序、讲公德,这便是优雅。你养在体内的优雅,即便繁华落尽,岁月不居,都不能抹去。

★ 学习意图

礼仪存在于人际交往的一切活动中，是有形的。礼仪的根本内容是约束自己，尊重他人；礼仪的目的是为了让人们能轻松愉快地交往；礼仪的基本原则是为他人着想。己欲立而立人，己欲达而达人、己所不欲，勿施于人，则是礼仪的精髓。礼仪最基本的三大要素是语言、行为和服饰。

★ 学习目标

1. 了解作为一名小学生应该懂得的关于仪容仪表方面的礼仪修养。
2. 努力做一个行之有规，言之有礼的好学生。

★ 适用年级

1—6 年级全体同学。

★ 学习活动

■ 一、谈话导入

作为小学生的我们，在日常生活中，就必须勤梳洗、讲卫生。让自己随时保持一个干净、清爽的形象！下面我们从仪容、服饰、头发，仪容仪表禁忌等几方面来谈谈，作为一个新时代的小学生，我们应该怎么做。

■ 二、学习过程

1. 注意服饰大方得体。

出示：幻灯片，干净整洁的衣着打扮，和身上沾着油渍和油墨的邋遢形象，哪种形象更让人喜欢?

师生对话:同学们,因为我们学习情况的特殊性,我们经常穿的是代表着纯洁的白色 T 恤,代表着生命力的绿色裤子。可是我们经常看到这样的校服:出示幻灯图片,这里一块黑墨痕迹,那里一块油渍残留,给我们的形象折了不少的分数!同学们,如果在教室的时候,能够注意不让水笔的油墨恋着你,如果课间休息十分钟玩耍,提醒自己不要让泥巴赖上你,如餐厅吃饭的时候,注意油渍的侵害! 那么,一个干净、整洁的形象,会带给你更多愉快的心情。

2. 注意仪容美。

头发也是我们印象分里占不少比分的环节,所以头发也是我们同学们要关注的。我们现在还是小学生,头发整洁、发型得体就可以了。整洁得体大方的发型易给人留下神清气爽的美感,而蓬头垢面难免使人联想起乞丐。

A. 常梳洗保清洁。洗发时用十指按摩头皮,以促进血液循环,也有助于头发生长。常梳头亦可促进头部的血液循环,还应及时将枯黄、开叉的发梢剪掉,保持头发的美观。

B. 作为学生的我们切忌染发烫发,或者奇异发型,否则会损伤头发,还有损于我们作为小学生的一种天真自然的美。

3. 注意语言美。

与同学的相处,要与对方保持正视的微笑,接受对方的目光。这样的你,一定有一个很好的人际关系网,对同学们在校的学习和生活都将带来很多的快乐!

4. 注意行为美。

一个人即使有出众的姿色、时髦的衣着,但如果没有相应的行为美,就损害了自己的形象。我们的言行举止就应该体现学生的一种有礼有貌的合适的行为美。

师:什么样的行为叫美呢?

生:不骂人,不打架。

生:同学之间互相帮助。

师:的确,任何美的东西都是让人心情愉悦的,无论是行为,还是外貌。希望同学们做一个既有行为美,又有形象美的优秀学生!

■ 三、总结

学生也有一些影响美观的言行举止,请同学们注意:

首饰主要指耳环、项链、戒指、手镯、手链等。作为学生的我们,是不适宜戴首饰的。

　　1. 不安全,学校的集体生活,人多,容易丢失! 不安全还有一个是在活动的过程中,耳环或者手镯存在着安全隐患!

　　2. 佩戴首饰也是不适宜的学生装扮,不合时宜的装扮也是一种不礼貌的行为!

⭐ **学习评价**

　　1. 孩子们脸上的微笑多了。

　　2. 孩子的衣着整洁清爽,为美丽的校园增添一道亮丽的风景!

　　3. 形象美了,心情愉悦了,班级的氛围融洽了,校园更美了。

　　4. 把这些礼仪之道传播到每个家庭,让他们的家庭也带去一份正能量的整洁清爽!

设计者:刘艳荣

暖记忆 21　儒雅学子　文明就餐

⭐ 学习价值

中华民族是一个文明古国，礼仪之邦。现在社会文明无处不在，你看餐桌虽平常，学问不寻常，其实用餐不单是满足基本生理需要——也是头等重要的社交经验。养成良好的文明用餐习惯，对每个孩子的身体健康都有利，同时，就餐秩序是一个班级良好风貌的一部分。小学生对于节约粮食的体会还不是很深刻，用餐中常有浪费的现象，而且很多同学还存在挑食的现象。通过这次活动让同学们体会到节约的重要，同时注意用餐过程要文明有礼，减少交谈，杜绝大笑，避免饭菜洒落在桌面上，展现学生高尚的文明素养。

⭐ 学习目标

1. 正确使用餐具。
2. 文明就餐。
3. 养成良好的节约习惯。

⭐ 适用年级

1—6 年级全体同学。

⭐ 学习活动

1. 餐具的使用

师：一日三餐，从小到大，我们吃过那么多次饭，你知道吃饭时餐具的正确使用方法吗？（请同学们拿出准备好的餐具，摆在后面的桌子上，根据老师的指示，使用餐具,对不正确的拿法及时纠正。)

师:中国人吃饭习惯用筷子,关于筷子的故事也很多,有兴趣的同学课后去搜集一些资料。这里老师搜集到的关于筷子的使用礼仪和同学们分享。

筷子的使用礼仪:

(1) 筷子不要握的太高或者太低,上端高出手臂三四厘米比较合适;

(2) 握筷子时各手指应该放松自然的贴在一起;

(3) 不要用筷子在菜盘里胡乱翻动选菜;

(4) 每次夹菜不要太多;

(5) 不要在夹菜途中滴汤滴水;

(6) 不要用嘴吮吸筷子上的汤汁,更不能吮出声音;

(7) 不要用筷子敲打盆碗;

(8) 不要在说话时用筷子指指点点;

(9) 不要在拿筷子的同时又持匙。

2. 餐桌的礼仪

师:同学们,在日常的学习生活中,我们都喜欢和讲文明、懂礼貌的同学接触,可见文明的重要。那么在文明就餐时我们要注意些什么呢?

(1) 出示一组就餐图片,以小组为单位,让学生讨论从图中看到了什么?讨论文明待人与傲慢无理在生活中产生的差别。

(2) 师:同学们都能够发现其中不文明的表现,那么作为一个彬彬有礼的好孩子,应该在以后就餐的时间怎样做呢?

(3) 说一说,议一议(用餐礼仪)

在校时:

① 在老师的指导下有秩序地进入餐厅。

② 坐在指定的座位上,两脚自然并拢,双腿自然平放,坐姿自然,背直立。

③ 要安静、文明进餐。

④ 饭、菜、汤要吃净;不偏食,不挑食。

⑤ 碗、碟轻拿轻放,摆放整齐。

在家时:

① 请长辈先入座。

② 等长辈先拿碗筷后,自己再拿碗筷。

③ 吃东西或喝汤时要小口吞咽,闭嘴咀嚼,尽量不发出响声。

④ 别人给自己添饭菜,要说"谢谢"。

⑤ 主动给长辈添饭加菜。

⑥ 先吃完饭要说"大家慢慢吃"。

(4)我们在用餐时存在的问题:

① 分饭同学不够认真,经常分错。

② 饭前洗手时,个别同学经常玩水。

③ 个别同学,挑食浪费。

④ 部分同学吃饭太慢边吃边玩。

⑤ 饭后,马虎大意的同学不擦桌子就出去玩。

3. 养成良好的节约习惯

师:古人云:锄禾日当午,汗滴禾下土。谁知盘中餐,粒粒皆辛苦。粮食来之不易,所以我们要养成节约粮食的好习惯,请同学们说一说有什么好办法?根据学生汇报整理:

① 分饭同学要倍加仔细。

② 如有不能吃的菜要提前说,不要浪费。

③ 用餐时,不说话。

④ 设立卫生监督员,检查饭后卫生。

⭐ 活动评价

采取自评、互评、师评、家长评、问卷、春游秋游时现场考核等方式,达到各段相对应要求,即可获本年级段生活技能证中的第二证"安全饮食证"。

活动设计:魏丽娟

暖记忆 22　主客谦谦　风度翩翩

⭐ **活动意图**

《论语》说："有朋自远方来，不亦乐乎?"广交朋友是人生一件乐事，热情好客是胸怀坦荡、谦恭文明的美德。待客和做客，十分讲究礼仪，可以说是一门艺术。不管待客还是做客，这种会见，可以使双方增进联系和情谊，获得知识，排解烦闷，陶冶性情，提高修养。所以，讲究待客做客的礼仪已经成为人们社交生活中一种必不可少的文化修养。

小学生经常要随父母到别人家里做客，也经常会和父母接待客人。不论何种情况都应讲究合适的礼仪，以体现出应有的修养。小学生以圆满完美的礼仪形式，可以提升父母和自己的社交形象，使双方情谊进一步增强，使道德情操不断升华。

⭐ **学习目标**

1. 知道待客、做客的礼仪常识，做客要有礼貌，待客要热情大方。
2. 在待客、做客的活动中，充分体现互相交流、友好相处的美好情感。
3. 学习有关待客、做客的名言警句，制作有关待客、做客的礼仪贺卡。

⭐ **适用年级**

1—6 年级全体同学。

⭐ **学习活动**

■ 一、学习内容

1. 明确待客、做客的礼仪要求。

2. 模拟演练待客、做客礼仪。

■ 二、学习过程

（一）情境导入

1. （视频展示）明明在家接待客人的情景；明明到奶奶家做客的故事。

2. 从故事中，你觉得明明哪些地方做得有礼貌？你觉得还可以注意些什么？

3. 你觉得在生活中怎样做客和待客更显得有礼貌？

（二）讨论交流，明确待客、做客礼仪的要求

1. 分组讨论

① 待客时，我们应该注意些什么？

② 怎样做，在做客的时候显得有教养呢？

2. 反馈交流，明确待客、做客的礼仪要求

 待客的礼仪

1. 接待的准备

① 了解客人的姓名、身份、到来的时间。

② 其他准备：衣着整洁，帮助爸爸妈妈把家里打扫干净，布置整齐，准备些糖果之类的点心，还要注意家庭气氛。

2. 迎接客人

① 对外地来的客人，应跟随爸爸妈妈提前到车站、机场、码头去迎接。接到客人后要热情地打招呼。

② 请客人乘车时，注意座次的关系。开车以后，大方地回答客人的问话，还可以主动找客人聊聊天。到了家，等客人下了车，再下车。

3. 引路与安顿

为客人引路时，应走在左边。客人进门之后，主动倒茶、递糖果等，热情招待客人。如有小朋友，就主动招呼小朋友，还可以拿些玩具、画报之类物品和其一起玩耍。

4. 送别客人

　　客人起身告辞时,和爸爸妈妈一起起身与客人告别。如果客人乘车(船),启动时,送行者应频频挥手告别。

做客的礼仪

1. 做客的准备

　　① 约会:做客时要事先和对方约会一下,选择主人方便的时间,约会时间定下后,就不要失约。要按时到达,不要迟到,也不可过早。

　　② 仪表:做客动身之前,应梳理头发,服装整洁,鞋子干净。

　　③ 其他准备:做客时,还可以带上一些礼品,以表示对主人的情意。

2. 进门前后

　　① 到达主人家门口,要再稍稍整理一下,然后按两下门铃,或者用中指关节叩两三下门。进门后,反身把门轻轻关上,同时把礼品献给主人。

　　② 进门后,对主人表示问候。主人端茶、递水果时,要欠一欠身体,说声"谢谢"。坐姿要自然大方,不要随便起立,随意走动,不要东张西望,更不要乱翻主人的东西。

3. 告别

　　交谈时间要适可而止,告辞时要表示谢意,走出门口,要说一声"再见"。

(三) 学生模拟演练待客、做客礼仪

1. 创设情境,以小主人的身份接待客人。

2. 评一评，谁是最有礼貌的孩子。

☆ 活动评价

1. 学生完成待客、做客相关的手抄报和习作。
2. 学生会背诵相关的儿歌，来指导自己的言行。

设计者：聂芬

暖记忆 23　齐整路队　英姿飒爽

⭐ **学习意图**

路队管理一直以来是学校德育工作的重中之重，良好的路队礼仪是校园内的安全保障线，是班风、班貌的体现，也是展现学校文明形象的一个窗口。通过学习学校的路队礼仪，增强学生的安全意识，培养学生团队合作精神，增强纪律观念，更重要的是有利于学生优良品质的形成。

⭐ **学习目标**

1. 通过具体案例，了解路队礼仪的重要性。

2. 通过情境创设，使学生懂得、掌握一些路队基本礼仪。

3. 通过开展各种活动，增强学生的路队安全意识，加强组织纪律性，培养团队精神。

⭐ **适用年级**

1—6 年级。

⭐ **学习活动**

■ 一、学习内容

1. 引导学生搜集与路队相关的资料，增强学生的路队意识。

2. 在校园学习生活中践行路队礼仪。

3. 师生共编《路队歌》，并牢记于心。

■ 二、学习过程

（一）引导学生主动搜集与路队（如上下楼梯、进退场等）相关的资料，让学生对路队安全有一定的认识

1. 播放视频，观看路队行进在楼梯上，学生在楼梯上追逐打闹的情景。

A. 说说你的感受，他们可能会遇到什么危险？

B. 同学们，这些情况就发生在我们身边，由于有的同学不遵守学校路队纪律，危险时刻威胁着我们的生命。我们有什么办法解除这些危险吗？

2. 出示有关路队安全的案例，明白路队安全的重要性。

A. 2003 年 12 月 11 日，河北省邯郸市成安县商城镇中学学生放学时，因停电，在楼梯拥挤发生踩踏事故，造成 5 名学生死亡，4 名学生重伤，7 名学生轻伤。

B. 2003 年 1 月 5 日，陕西省宝鸡县一初级中学学生在放学下楼时，一名学生不慎踩空，撞到前边同学，后继学生发生拥挤踩踏，造成 3 名学生死亡，6 名学生重伤，13 名学生轻伤。

C. 2005 年 10 月 24 日上午 11 时，湖南省娄底市第四小学，课间一楼梯内 10 名同学被撞翻，1 人伤势较重，其余 9 人受伤。

3. 学生讨论交流。

A. 同学们，听了这些发生在上下楼梯的惨痛事故，你是否从这些血的教训中意识到一定要注意路队（上下楼梯）的安全呢？

B. 四人小组讨论：平时我们应该怎样排队上下楼梯？

C. 小结。可见，养成良好的上下楼习惯，遵守路队秩序是多么重要。

（二）在校园学习生活中践行路队礼仪

1. 实地模拟演练。

A. 路队集合，做到快静齐。

B. 走路要抬头挺胸，目视前方，肩臂自然摆动，步速适中，忌讳八字脚、摇摇晃晃，或者扭捏碎步。

C. 上下楼、过楼道靠右行。下楼时，高层的礼让低层的先行；出入教室、办公室、会场等按指定线路走，不拥挤，出入各功能室轻声慢步，不影响他人。

D. 队伍行进中，遇到熟人，路队长代表队伍打招呼；需要交谈，应靠路边或到角落谈话，不能站在道路中间或人多拥挤的地方。

E. 遇突发情况时要沉着应对。

例如，晚上，路队行进时，突然停电，不惊慌，不喧闹，不乱跑，应原地站立，听从指挥；路队行进中，若有人跌倒时，后一名同学立即挥手示意，队伍马上停止前进；若有人因鞋子脱落或鞋带松散，应举手示意离开队伍到旁边穿好（系好）后归队。

2. 小结。

同学们，每天，一个班集体，排着整整齐齐的队伍行进在校园中，既显示了我们的集体精神，又加强了我们的组织纪律，更重要的是保障了我们的安全。就让这一支支整齐的队伍成为校园中一道亮丽的风景吧！

（三）师生共编《路队歌》，并牢记于心

路队歌

安全第一要牢记，

路队集合快齐静。

前后左右都看齐，

不推不挤不打闹。

上下楼梯靠边行，

手扶一侧成一队。

突发危险立即停，

一切行动听指挥。

⭐ **学习评价**

1. 路队展示：彰显育英风采。

2. 路队评比（把路队纳入学校一日常规管理之中）：争做"路队小标兵"。

3. 牢记路队歌：提升精气神。

设计者：李雪梅

暖记忆 24　集会有礼　"雁"不留声

⭐ **学习意图**

　　孔子曾提出："兴于诗,立于礼,成于乐。"集会礼仪体现的是一种文明;是一种意识;是一种素质;是一种文化;是一种道德的外在体现。我们学校对小学生进行"集会礼仪"教育活动,学生通过学习一些基本的集会礼仪知识,能够明礼仪,行礼仪。使之成为孩子成长路上的一种习惯,为孩子的成长指明方向,这也是我们学校举办"温暖记忆"活动的目的。

⭐ **学习目标**

　　1. 了解个人、班级、团队、文体等集会活动中的礼仪知识与要求,以此来规范学生的日常行为。
　　2. 模拟场景活动,参与讨论等形式,结合自身在集体活动中的体验和感受,进一步规范自己在集体活动时的礼仪细节。
　　3. 通过活动,使同学们在公共场合讲究适当的礼仪,改正自己的不足之处,更加了解集体活动礼仪的重要性。

⭐ **适用年级**

　　1—6 年级。

⭐ **学习活动**

■ **一、学习内容**
1. 搜集的有关集会礼仪的资料。

2. 讲解集会的基本礼仪知识。

3. 模拟活动,讨论、交流、辨析遵守集会的基本礼仪的必要性。

■ 二、 学习过程

(一) 谈话揭题

1. (出示一组学生参加各种集会的图片:如:开学典礼、升旗仪式、开会、做操、表彰大会、看电影……)

2. 仔细观察:图片上的同学们都在干什么?

3. 师小结:这些活动可以统称为集会。集会在我们学校是经常举行的活动。一般在操场或礼堂举行,由于参加者人数众多,因此要格外注意集会中的礼仪。今天我们就一起来探究集会时的一些基本礼仪。

4. 揭示课题:集会礼仪。

(二) 学生探究

1. 学生分小组交流课前搜集的有关集会基本礼仪的资料。

2. 各组推选代表说说各自了解的集会时的一些基本礼仪。

(三) 明理辨析

1. 教师梳理学生整理的集会时的基本礼仪。

(1) 集会时要按时入场,不迟到;开会应提前入场,按指定位置入座。

(2) 服从大会统一指挥,遵守大会统一要求,开会期间不能无故提前离开,不告而退,也不要随便来回走动。

(3) 聚精会神听报告或看各种演出。讲话结束后礼貌鼓掌。不随便议论、讲话、大声喧哗、打闹,保持会场肃静。

(4) 会议过程中不喝倒彩、鼓倒掌、打口哨、嘻笑、起哄、不在底下睡觉、看书籍杂志等与会议无关的事情,做文明观众。

(5) 保持会场卫生,不吃东西,不乱扔瓜果皮核,不吸烟,不随地吐痰、吐口香糖。

(6) 会议结束后应以热烈掌声表示感谢和赞美;退场时不乱拥乱挤,应让领导、老师、客人先走,互相谦让。

(7) 爱护公共设施,不用脚蹬座椅,在前后移换座位时要沿中间过道绕行,不能跨越座椅。

（8）进入会场要脱帽，坐姿端正，不能跷二郎腿，更不能勾肩搭背。

（9）颁奖典礼中，受奖者应整理仪表，稳步入场，面带微笑双手接奖，接奖后应致谢并回敬队礼。颁奖完毕按指定路线归队（座）。

（10）报告或演出结束，要鼓掌致谢；精彩之处适度鼓掌，不喝倒彩，不吹口哨，不大声喧哗，做文明观众。

（11）确实有特殊情况需要离开会场，先取得老师的同意才能离开。

2. 出示集会遵守基本礼仪和不遵守基本礼仪相关图片，让学生辨析，并说明为什么。

3. 学唱《集会歌》。

集会歌

升国旗，要敬礼，

脱帽肃立别忘记。

大小集会月表彰，

礼仪风貌很重要。

仔细聆听不吵闹，

热情鼓掌少不了。

端举止，正精神，

"四证"强人最骄傲。

愉悦授奖多欢笑，

落落大方修养好。

（四）畅谈感想

1. 学生谈收获。

2. 教师小结。今天我们共同学习了小学生在集会中的基本礼仪。希望大家今后严格按照这些礼仪标准去做，做一个文明的小学生，让我们的校园处处彰显礼仪风采。

⭐ **学习评价**

    1. 学生都会唱集会歌。

    2. 学生集会礼仪有明显进步。

    3. 颁发"遵守公德证"。

设计者：邢德贵

暖记忆 25　文明出游　美时美刻

⭐ **学习意图**

随着人们收入水平和生活质量的提高,出游的人越来越多,但游客的文明素质并不是很高,尤其是一些游客表现出来的种种不文明行为,让人大跌眼镜、大煞风景。通过学习让学生了解旅游中所出现的种种不文明的现象,促进自身道德素养,明白在旅游过程中应该自觉遵守旅游文明行为规范,争当文明出游小达人。

⭐ **学习目标**

1. 了解旅游中存在哪些不文明的现象。
2. 懂得文明旅游的重要性。
3. 让学生懂得旅游中一些礼仪,鼓励做一个文明的旅游者。

⭐ **学习活动**

■ **一、观看视频引入**

师:如今,旅游已成为现代人的生活时尚,所谓"读万卷书,行万里路",旅游不仅可开阔心胸,拓展视野,更可增长见闻,开启智能。文明出游是向假期最好的献礼。

视频观看:小学生在春游时的视频。

讨论:同学们,看完刚才的视频,你们有什么感受?(学生分享)

过渡:看来,同学们对视频中人物的行为都有自己的看法。今天我们要学习的内容就是"做一个文明的旅游者"。

■ **二、旅游文明大家谈**

1. 小组内讨论:你都知道哪些旅游中的不文明行为吗?

2. 班级交流。

3. 旅游心态面面观。

（1）习惯性心态

小孩子天性好动、好玩，来到景色美丽的景区，孩子们被美丽景色吸引的同时，自己的不良习惯也随之暴露。有的小朋友在树上、墙上刻上"××到此一游"的文字，还有的小朋友爬到雕塑上玩耍，既破坏了景区风景又丢了自己的形象。

（2）怕吃亏心态

与怕吃亏心理相伴随的是耍小聪明、占小便宜。有些游客趁酒店退房不查房的空子，顺手拿走酒店的毛巾、睡衣。这些贪小行为，既败坏旅行团声誉，又损害了游客的形象。

（3）随大流心态

不少人既爱面子，又爱扎堆儿。尤其是在外旅游，明知有些举止不文明，有人做，就有人效仿。最典型的例子就是吸烟，曾经有游客看见一个人在车站边吸烟，于是，一帮烟民很快聚到一起，喷云吐雾。其心理就是即便是丢人，反正是一群人。更有一种法不罚众的心理在作怪。

（4）暴发户心态

在欧洲的奢侈品专卖店和机场免税商店里，到处可以看到中国游客忙碌抢购的身影，这些游客只忙着计算比在中国买能便宜多少，买回去只是为了炫富，很少有人去理会这些品牌的文化价值。这种疯狂是对文化的不敬畏，更不懂对他人的尊重。以为花钱就能提高身份，这是一种典型的暴发户心态。

（5）怕歧视心态

由于文化和习俗不同，有些游客在旅游时受到约束和误会，不是先想到沟通，而是认为被歧视和怠慢，于是大吵大闹，甚至大打出手，将"中国功夫"表现得淋漓尽致，把文明形象丢失殆尽。

4. 讨论交流：如何做一个文明的旅游者。

5. 归纳总结

小组合作：制定文明旅游小公约

① 维护环境卫生。不随地吐痰和口香糖，不乱扔废弃物，不在禁烟场所吸烟。

② 遵守公共秩序。不喧哗吵闹，排队遵守秩序，不并行挡道，不在公众场所高

声交谈。

③ 保护生态环境。不踩踏绿地,不摘折花木和果实,不追逐、投打、乱喂动物。

④ 保护文物古迹。不在文物古迹上涂刻,不攀爬触摸文物,拍照摄像遵守规定。

⑤ 爱惜公共设施。不污损客房用品,不损坏公用设施,不贪占小便宜,节约用水用电,用餐不浪费。

⑥ 尊重别人权利。不强行和外宾合影,不对着别人打喷嚏,不长期占用公共设施,尊重服务人员的劳动,尊重各民族宗教习俗。

⑦ 讲究以礼待人。衣着整洁得体,不在公共场所袒胸赤膊;礼让老幼病残,礼让女士;不讲粗话。

⑧ 提倡健康娱乐。抵制封建迷信活动,拒绝黄、赌、毒。

6. 文明旅游签字仪式。

7. 要当文明旅游小达人,还得了解旅游地的风土人情,你知道些什么风土人情,学生畅谈,老师引导学生从民族的不同、国家的不同去交流。

知识链接:

民族礼仪与禁忌

我国是一个多民族国家,各民族都只有自己的礼仪和禁忌,如果出游前不做好功课,很容易闹出笑话来,严重时甚至会影响民族团结。请同学们查阅资料,了解民族礼仪与禁忌。

8. 以班级为单位举行文明旅游主题队会。

9. 户外宣传文明旅游并践行。

⭐ 学习评价

1. 学生能充分认识到文明出行的重要性;

2. 制定文明旅游小公约;

3. 收集各民族的礼仪和禁忌;

4. 对外出游玩中表现优秀的学生颁发礼仪卡。

设计者:徐涛

第六篇
轻叩艺术的大门

琴弦上跳跃,歌声里飞扬,光影中陶冶,笔墨间舒卷……轻叩艺术的大门,让儿童在艺术世界中载歌载舞,熏陶人性,健全人格。

暖记忆 26　琴弦上的优雅

★ 学习意图

　　古筝是中国传统民族乐器,是中华传统艺术中的一朵奇葩。它音色优美,音域宽广,演奏技巧丰富,具有相当的表现力,深受广大人民群众的喜爱。将具有东方神韵的传统古筝艺术纳入我校的温暖课程,旨在让孩子们从传统艺术中汲取营养和智慧,全面提高学生的综合素质,让这一优秀的传统艺术得以传承和发展。并通过认识和学习古筝,让孩子们了解古筝,了解传统艺术的博大精深,营造浓郁的古筝艺术氛围,丰富学生的品行修养,培养学生对传统民乐的认同感,进一步丰富校园文化生活。

★ 学习目标

　　1. 了解古筝的由来和发展,知道古筝是中华艺术宝库中的重要财富。

　　2. 近距离认识古筝,感受古典民乐的无穷魅力,培养雅致的情趣和高雅的气质。

　　3. 引导学生积极参与到校园艺术文化中来,丰富学生的品行和内涵。

★ 适用年级

　　1—6 年级全体同学。

★ 学习活动

■ 一、学习内容

1. 聘请"百家筝鸣"艺术中心的老师讲述古筝的发展历史,激发学生的民族自豪感。

2. 组织部分家长和学生一起观看艺术中心老师的现场古筝演奏,享受音乐,陶冶情操。

3. 介绍古筝的构造及各部分名称,让孩子们近距离了解古筝,激发孩子和家长对古筝的兴趣。

4. 进行古筝的基本指法操作,初步培养学生的演奏意识。

■ 二、学习过程

(一)了解古筝的发展历史及众多的古筝流派

1. 介绍古筝的久远历史及古筝名字的由来。

2. 了解古筝的发展史及以地方风格为依据的众多古筝流派。(秦筝陕西派、河南筝派、山东筝派、潮州筝派等。)

(二)欣赏古筝演奏

1. 组织学生观看视频《战台风》,感受古筝丰富的表现力。

2. 艺术中心的老师现场演奏(合奏)《云之南》,领略古筝的魅力。

(三)认识古筝,学习简单的弹拨技巧

1. 详细介绍古筝各部分名称(琴弦、琴码、前岳山、后岳山等),让学生看一看,摸一摸,对古筝有一个直观的了解。

2. 教师示范演奏姿势,包括坐姿、手臂、手形等,学生模拟老师去做,感受弹奏古筝的优雅气质。

3. 认识 21 根琴弦,4 个音区。孩子们动手弹拨,感受流水般琴声的优美旋律。

4. 介绍基本指法(托、抹、勾、小撮、大撮等),孩子们可跟老师一起弹拨,初步掌握一些简单的弹拨技巧。

(四)评价

1. 学生畅谈对古筝的认识和感悟。

2. 访谈参与家长的感受。

⭐ 学习评价

1. 完成问卷调查，了解家长和孩子对学习古筝的兴趣度。
2. 各班统计后上报学校。
3. 筹备、成立古筝特色班，正式将古筝课纳入我校的温暖课程并开始活动。
4. 给古筝特色班的学生颁发"兴趣特长证"。

设计者：孙秀平

暖记忆 27　歌声里的风采

☆ 学习意图

　　艺术教育是人文教育的重要组成部分。对小学生进行艺术教育，不仅能陶冶同学们的情怀意趣，使其创造性得到最大发挥，而且能提高孩子们的洞察力、理解力、表现力、交流能力和解决问题的实际能力。孩子们的音乐天赋需要机会去发掘，孩子们的表演才能需要实践来锻炼，孩子们的童年风采需要舞台来展示。

　　通过"校园十佳小歌手"大赛活动，培养学生对艺术的爱好，唤起学生对音乐深刻而长远的兴趣。借助展示自己音乐才华的舞台，激发广大学生热爱艺术、勤奋学习、努力成才的热情与动力，从而不断提高自身全面素质。增强班级集体的凝聚力，也是为创建和谐文明的校园、践行社会主义核心价值观起到积极的推动作用。

☆ 学习目标

　　1. 锻炼学生审美力与表现力，增强舞台表演能力，激发热爱音乐的热情。

　　2. 进一步提高歌唱水平，做到音韵协调、气息流畅、咬字吐字清晰。

　　3. 发掘具备一定音乐素养的选手，储备艺术表演人才。

☆ 适用年级

　　3—6 年级。

☆ 学习过程

（一）报名

　　1. 大赛分 3、4 年级组和 5、6 年级组。学生在音乐老师和班主任的指导下，选取曲目,进入报名准备阶段。

2. 各班认真选拔参赛人员,在班级范围内进行演练,最终选送 3 至 5 名符合要求并能代表本班水平的歌手参加比赛,学校海选。

3. 各班填写《报名表》(见表 7)。

表 7 报名表

班级	姓名	曲目	是否获得过十佳歌手及次数	备注

(二)初赛

1. 选手现场抽签。

2. 预赛,选手自选歌曲的某一段清唱(不用伴奏)。请学校优秀音乐老师组成评委团,考查学生的基本音乐素质。

3. 经评选,排名前 20 位的选手参加复赛。请各位选手重新选曲,加紧练习。班主任可以协助排练,力求表演形式多样,凸显舞台效果。

4. 复赛,3、4 年级组和 5、6 年级组分别进行,共选出前 10 名(同分同晋)同学参加决赛。

(三)决赛

1. 现场抽签,确定表演顺序。

2. 舞台表演形式丰富多样,选手提前上交伴奏带,适度装扮,参赛。

3. 邀请参赛选手家长现场观看。

4. 评委现场打分,去掉最高分和最低分,取出平均值,算出选手最后得分,当场公布比赛成绩。

(四)颁奖

1. 比赛结束后,按照分数排名,现场颁奖。

a. 预赛:选出前 20 名选手进入决赛。

b. 决赛：3、4 年级组和 5、6 年级组分别按分数高低选出前 5 名（同分同晋），授予第十九届"校园十佳小歌手"称号。累计三次获"十佳小歌手"的，授予"荣誉十佳小歌手"称号，不占"十佳小歌手"名额。其他选手获"优秀表演奖"。

2. 每个年级组设一个"优秀组织奖"。评比条件为：组织认真充分，班级选手素养高。

⭐ **学习评价**

1. 多名同学获得了"校园十佳小歌手奖""荣誉十佳小歌手奖"等称号。优秀班级获得"优秀组织奖"。

2. 参赛选手因符合学校"兴趣特长证"的颁发标准，获得"兴趣特长证"。

3. 发掘出一批具备优秀音乐素质的选手，为参加区艺术节以及为学校的艺术特色教育储备了人才。

设计人：刘娜

暖记忆 28　摄影中的世界

⭐ **学习意图**

　　摄影是近代科学技术发展的产物,至今已有 180 多年的历史。作为一个拥有完善的摄影教学体系的国家,中国的摄影教育也有自己的基础教育、中等教育和高等教育三个层面,基础教育也就是面向少年儿童。

　　儿童心理学告诉我们,小学生主要靠直观的、感性的、带有情感的形象去认识事物、获取知识和接受教育的。他们的内心就像一个充满想象、幻想和灵感的美丽星空,小学教育的一切就是向这个星空投入。开展少儿摄影教育,不仅是让孩子学习摄影知识,向他们传授摄影技术,这样的课堂更像是一个综合素质教育的阵地。摄影步入基础教育阶段的可操作性很强,一者摄影入门很容易,二者小孩子的兴趣更高。

　　“其实,学习摄影从小学就可以起步了”。中国新闻摄影学会常务理事、中国人民大学教授盛希贵这样认为。让孩子透过镜头看世界,不仅拍出成人所拍不出的纯真作品,而且通过摄影教育来提高少儿综合素质,使孩子在摄影艺术的熏陶和实践中提高能力、增强素质。

⭐ **学习目标**

　　1. 了解摄影的历史与变革。

　　2. 掌握基本的摄影器材使用方法。

　　3. 通过作品欣赏与实践操作,培养学生留心观察生活,从生活中发现美,培养学生的美感以及对摄影对象的捕捉和表现能力。

☆ 适用年级

1—6 年级。

☆ 学习活动

■ 一、学习内容

1. 学习摄影器材选用,给学生讲解基础成像知识(小孔成像)。

2. 摄影知识小讲座,教学生如何分辨好照片及如何拍摄好作品,了解镜头、光圈、焦距、光线、构图及色彩的知识,简单了解不同摄影题材。

3. 安排学生自己动手摄影的时间,感受春天的气息,校园采风。

■ 二、学习过程

(一) 对学生选用的摄影器材进行分类。

1. 出示:卡片相机,即傻瓜相机,让学生了解卡片机的拍摄技巧及本身的局限性,主要让学生拍摄一些近距离的景物,如相机的微距功能等。

2. 出示:单反相机,让学生了解单反相机的拍摄技巧及效果。

单反相机相对复杂,学生要了解镜头的长短和光圈的把握、对焦的技巧和景深控制。广角镜在使用中的特点和效果,长焦镜头在使用中的特点和效果,景深三要素,单点对焦技巧、选择对焦点、智能对焦,运动物体对焦技巧、追拍技巧,达到自己想要拍摄的效果。

3. 学生听摄影知识小讲座,欣赏作品。

(1)通过讲座,了解镜头、光圈、焦距、光线、构图及色彩的知识。简单了解不同摄影题材的摄影方法。

(2)学习闪光灯应用基础。

(二) 掌握操作技能

教师传授设备的基本操作技能,教会学生掌握简单的图片处理技术和网络传输技术。

（三）摄影实践

1. 教师踩点学校的后花园，圈定学生活动场所。

2. 学生分组，保证摄影的纪律性和安全性。

3. 师生一起拍摄，体验摄影的乐趣。拍摄的内容可为：静态的叶、动态的人、绽放的花，等等，捕捉美丽动人的瞬间。

⭐ 学习评价

（一）低年级（1、2年级）

1. 对摄影有着浓厚的兴趣，经常摄影。

2. 对基本构图，摄影画面有着一定的敏感度和表现欲。

3. 能较好地学习相关摄影作品。

4. 积极参加班级教室的布置。

（二）中年级（3、4年级）

1. 具有儿童摄影创作能力，并且在构图中具有一定的创新。

2. 初步具有欣赏名家作品的兴趣。

3. 具有合作完成摄影作品的能力，而且构图，色彩合理，有一定创新。

4. 积极参加校内外各种摄影比赛。

（三）高年级（5、6年级）

1. 具有创作较为复杂构图的能力，并且能够解释自己的作品创意。

2. 具有一定的摄影功底，能够快速地完成基本构图。

3. 对摄影细节的处理细致入微，具有创意。

4. 能够主动欣赏一些名家作品，并能够提出自己对摄影作品的理解。

5. 积极参加校内外摄影比赛，并能够获得一定的成绩。

设计者：陈福教

暖记忆 29　音乐剧的魅力

⭐ **学习意图**

　　儿童音乐剧是历代著名音乐家创造的财富,在当今社会文化中留存着独特的音乐气息。它是以歌唱作为表现手段,以音乐为灵魂,剧本为根基,通过演员的歌唱、肢体动作及音乐的烘托来反映儿童内心世界及生活、学习的一种综合性艺术。从小对孩子渗透音乐剧知识,不仅可以让孩子受到音乐、舞蹈、表演、美术等多种艺术的熏陶,更能提高孩子的模仿能力和团队合作意识。

　　根据我校特色和学生需求,本着"以音乐审美为核心,激发、培养兴趣爱好,重视音乐实践,增强创新意识"的理念,我们在小学阶段进行以编演音乐剧为主要形式的艺术教育活动,让学生在编演音乐剧的过程中经历体验,激发潜能,成长心智,提高心理素质和良好的道德判断能力,促进学生身心的健康发展。

⭐ **学习目标**

　　1. 了解儿童音乐剧的由来。

　　2. 欣赏经典儿童音乐剧,提高学生对儿童音乐剧的欣赏水平。

　　3. 引导学生参加儿童音乐剧的排练、表演活动,在活动中享受艺术,享受生活。

　　4. 鼓励孩子们创编自己独特的音乐剧。

⭐ **适用年级**

　　1—6 年级全体同学。

☆ 学习活动

■ 一、学习内容

1. 发动学生搜集音乐剧的资料，了解不同类别的音乐剧形式。

2. 欣赏经典儿童音乐剧，学习如何感悟音乐剧的主题思想，对剧中的音乐、舞蹈、语言有自己的欣赏角度。

3. 排练、表演音乐剧。

4. 学习创编自己的音乐剧。

■ 二、学习过程

(一) 学生搜集资料，了解音乐剧的由来

1. 学生收集音乐剧的由来、形式、表现手法等相关文档、图片及视频资料。

2. 了解国内外著名的音乐剧，加深对音乐剧的认识。

(二) 听儿童音乐剧知识小讲座

1. 组织学生观看儿童音乐剧视频《太阳花》，并以此剧为范本帮助学生了解如何欣赏音乐剧。

2. 带领学生细读该剧剧本，发现该剧的主题思想，领会剧中的音乐、舞蹈语言。

3. 老师讲授基本动作。

(三) 编排校园儿童音乐剧

1. 寻找校园热点，确定适合我校的音乐剧题材。

2. 编写剧本。

3. 分组分工，收集音乐、舞美、场景布置等素材。

4. 研读剧本，分配角色。

5. 排练并表演。

(四) 学习评价

1. 组织全校师生观看学生表演的音乐剧，并邀请专业老师对其进行评价。

2. 师生共同总结本次音乐剧活动的收获及感触。

⭐ 学习评价

1. 完成问卷调查，了解家长和孩子对学习儿童音乐剧的兴趣度。

2. 采用现场表演的形式考核，达到相应的要求，给学生颁发兴趣特长证中的第六证"阳春白雪证"。

3. 筹备、成立音乐剧社团，正式将儿童音乐剧课纳入我校的温暖课程当中并开始活动。

4. 优秀音乐剧送区、市参加艺术节表演。

设计者：周赛丹

暖记忆 30　陶泥坊的乐趣

⭐ **学习意图**

　　中国是陶瓷的故乡,有着浓厚的文化底蕴,在世界上素有"瓷国"的美誉。陶艺教学是一种真正的寓教于乐的活动,培养了学生动手、动脑的能力,更重要的是让学生在娱乐中了解我们悠久的陶艺文化与历史,激发学生对传统工艺的热爱之情。在素质教育大背景下,我校利用陶艺这一良好的教育资源,举行一系列综合实践活动。打造育英的特色教育品牌,发展学生的创新精神,提高学生的实践能力。

⭐ **学习目标**

1. 了解陶艺的文化、历史和工艺,用基本的陶泥技法塑造简单的形体。
2. 以审美的眼光观察周围事物,学会玩陶泥,体验陶艺活动中的乐趣。
3. 激发兴趣,培养创造力与想象力。

⭐ **适用年级**

1—6 年级。

⭐ **学习活动**

■ 一、学习内容

1. 引导学生主动了解陶艺的悠久历史,现代陶艺的制作工序。
2. 学习陶艺制作的简单知识及手法。
3. 学习如何欣赏陶艺作品。

4. 陶泥乐,乐陶陶——陶泥制作沙龙活动。

■ 二、过程

(一)展示资料,观看视频

1. 学生主动搜集陶艺资料(文化、历史、工艺),加深对陶艺的认识。学校资源丰富,教师亲自带领学生去阅览室搜集资料,并鼓励学生利用课余时间和月假,小组自己组织活动,要求每个学生跟家长讲解学生参加综合实践活动的意义,并得到家长的支持。

2. 观看陶艺视频,了解陶艺的基础知识及基本的泥工塑造技法。

师:看了陶艺录像,你有什么问题吗?

生1:我看到那些漂亮的花瓶、工艺品都是用什么做成的呢?

生2:泥巴是灰色的,怎么能变成了五颜六色的工艺品的?

生3:我看到录像里人们把泥巴做好以后放入火里烧的,这是为什么呢?

生4:为什么泥巴变成花瓶后就变得坚硬了呢?

…………

师:能提这么多问题真棒!你们能选几个有价值的问题研究一下吗?

生:能!可以问老师、查资料、做实验……探究解决疑惑后,学生了解了一些陶艺的大致步骤和要点。

(二)制作陶艺品

1. 老师指导学生认识陶泥,了解陶泥的性质,学习捏泥的技巧,初步完成一件简单作品。心动不如行动:学习团,用陶泥制作出不同大小的圆,任意拼接成毛毛虫、葡萄、手镯;团和压结合,变成盘子、太阳;搓,可以搓成长长的蛇、面条等;捏,捏海星,捏怪兽……

2. 学习创作自己的陶泥作品。有了一定的知识经验和技巧基础,孩子玩泥兴致更高,用简单的搓泥、捏等造型技能表现自己的设想、创造。如今的孩子,拿到陶泥再也不乱捏一气了,而是先构思设计,做到心中有型,有的小朋友捏出惟妙惟肖的人物表情来,有的小朋友还会添加漂亮的色彩,还有的设计不同造型的作品,看到他们的创意,他们就是一群小小艺术家。

3. 开展一次"陶泥乐,乐陶陶——陶泥制作沙龙活动",选出优秀作品,请学生做大众评审,评出"最佳创意奖""最具人气奖""最佳造型奖"……在活动中学生通过各种感官认识了解陶泥的特征,运用多种方法创作陶泥作品:建筑、家园、海底世界、植物天地、有趣的面具……

4. 组织学生小组交流互相欣赏学生的作品。每组选出代表当小评委,评选自己喜欢的作品,并说说理由。

■ 三、 活动评价

1. 学生说说参加陶艺活动的乐趣。

2. 师生共同欣赏学生的作品,通过开展陶泥制作活动,让大家都感受到陶泥制作带来的乐趣及成功感,让课堂洋溢着"陶泥乐,乐陶陶"的快乐氛围。

⭐ 学习评价

1. 开展"陶泥乐,乐陶陶——陶泥制作沙龙活动"多名同学获得了"最佳创意奖""最具人气奖""最佳造型奖"等称号。

2. 各班推荐有创意的作品,进行评比和展示。优秀班级获得"优秀组织奖"。

3. 参加活动学生因符合了学校"兴趣特长证"的颁发标准,获得"兴趣特长证"。

4. 将学生的优秀作品统一放置在学校特备的展示地点,进行展示。

设计者:薛素影

暖记忆 31　抖动时的精彩

⭐ **学习意图**

　　空竹是一项民间喜闻乐见、老少皆宜的体育活动,三国曹植的《空竹赋》对空竹运动进行了描述。抖空竹活动有许多名称,如"风葫芦""响簧""扯铃""风竹"等。抖空竹活动具有趣味性,不枯燥,并集娱乐性、健身性、灵活性、表演性为一体,不受场地、气候的限制,动作简单易学,有上百种花样技巧值得挑战和尝试,同时能培养学生的协调能力、灵敏能力、控制能力等,对强身健体,提高抗病能力有独特的作用。小学分校为落实学校"温暖教育"的办学理念,体育特色项目建设是其重要的组成部分之一。为此,我们将"抖空竹"这一民间传统运动与体育课程有机结合起来,打造具有育英特色的"抖空竹"体育项目,切实提升学生的身体素质,营造充满活力、健康向上的校园体育文化氛围。

⭐ **学习目标**

1. 了解空竹的历史、认识空竹的结构。
2. 学习空竹的多种抖法及技巧。
3. 锻炼上肢,提升身体灵敏性及协调能力。
4. 激发主动参与的兴趣,享受体育的快乐。
5. 体验民间体育活动的魅力,激发民族自豪感,培养遵守纪律、团结协作的精神。

⭐ **适用年级**

　　1—6 年级。

☆ 学习活动

■ 一、学习内容

1. 展示学生搜集的空竹资料,激发学生抖空竹的兴趣。

2. 了解空竹结构。

3. 听抖空竹知识讲座。

4. 学会多种抖空竹的技法。

■ 二、学习过程

(一)展示资料　观看视频

1. 展示学生搜集的资料(空竹的由来、传说、诗歌),了解空竹的相关知识。

2. 观看抖空竹视频,了解抖空竹的历史知识、掌握空竹结构及抖法,加深对空竹的认识。

(二)听空竹知识讲座

请空竹协会老师给学生讲空竹知识。(主要了解抖空竹的技巧,激发学生抖空竹的兴趣。)

(三)了解空竹结构

1. 学校准备好空竹和修理工具,分发到各个班级。

2. 老师各自准备好空竹和修理工具。

3. 师生共同拆装空竹,进一步了解它的结构。

(四)学习抖空竹(邀请部分家长参与)

1. 启动(地滚式)。

2. 加速(打鼓式,鲁班拉锯式,上下飞舞式)。

3. 多种花样展示。

(1)左绕线　(2)右绕线　(3)左外抛　(4)右外抛　(5)左横摆　(6)右横摆　(7)高山流水　(8)抱月　(9)系扣　(10)解扣　(11)带空竹翻身(12)斜鼓线　(13)左甩袖　(14)右甩袖　(15)过山路　(16)前大回环(17)后大回环　(18)右大回环　(19)左望月　(20)右望月　(21)左扑线(22)右扑线　(23)上鼓线　(24)收式:空中套铃

（五）集体抖空竹活动

1. 班主任、学生之间相互交流抖空竹经验。

2. 组织学生在教室观看关于空竹知识的视频。

3. 组织学生到指定地点观看空竹表演，讲解比赛规则、要求与注意事项。

4. 分年级进行活动。

5. 活动结束后，各年级有序退场。

（六）评价

1. 学生畅谈"快乐空竹"体验。

2. 访谈参与的家长，畅谈感受。

3. 师生共同总结本次快乐空竹活动收获及感触。

☆ 学习评价

1. 学生完成"快乐空竹"活动相关文字内容（空竹小知识等）。

2. 人人汇报表演并进行等级评定（一级：学会24式中的10式；二级：学会24式中的15式；三级：学会24式中的20式）。

3. 每班报名10名空竹高手，参加年级"空竹小达人"比赛，并颁发"兴趣特长证"。

设计者：王武军

暖记忆 32　笔画间的神韵

⭐ **学习意图**

　　中国书法是一门以文字为素材的抽象的线条艺术,有着悠久的发展历史,是中国文化的重要标志,集中地承载着中国民族的传统文化,是中华民族文化的精髓之一。书法教育在中国古代教育中一直有着重要的地位。在温暖的教学环境里,学校进行一系列多元化的艺术文化活动,旨在通过丰富多彩的活动,让学生了解中国书法的历史,体会中国书法艺术的美学,掌握基本的书法艺术技巧,营造浓郁的传统文化教育氛围,凸显学校的特色教育。

⭐ **学习目标**

　　1. 通过赏析活动,初步认识和了解什么是中国书法艺术,不同书体的演变、发展及基本特点,了解不同时代代表性的书法作品。

　　2. 让学生讨论、陈述、评价,发展学生自主、合作、探究的综合活动学习能力,使学生初步学会理解和领悟中国书法的艺术美(形式美、意境美),初步学会欣赏书法的方法。

　　3. 启发学生的联想、想象能力,学习敢于在继承中尝试古为今用、勇于创新的思想。引导学生积极主动地参加学校组织的各项书法比赛活动,感受书法魅力,提高学生的艺术涵养。

⭐ **适用年级**

　　1—6 年级。

☆ 学习活动

■ 一、 学习内容

1. 观看《翰墨春秋》书法视频。

2. 讲述书法文字发展简史与主要书体的形式特征。

3. 了解欣赏书法作品的要点与标准。

4. 实践操作简单的书法练习,体会书法的线条美、结构美、气韵美。

■ 二、 学习过程

(一) 学生收集资料,了解书法的发展史概况和特点及书法的总体情况

1. 低年级学生观看书法小故事视频,了解汉字的产生与书法的演变。

2. 高年级学生分组自主收集书法资料(不同书体的演变、发展、基本特点、代表性书法作品),加深对书法艺术的理解。

(二) 观看《翰墨春秋》书法视频

学生观看《翰墨春秋》书法视频,感受书法的线条美、结构美、气韵美。

(三) 概述书法文字发展简史与主要书体的形式特征

1. 教师讲析古文字系统:甲骨文—钟鼎文—篆书(打出古文字幻灯)。

2. 教师讲析今文字系统:隶书—草书—行书—楷书(打出古文字幻灯)。

3. 师生共同探讨古今文字主要书体的形式特点。

(四) 了解欣赏书法作品的要点与标准

1. 找几名同学说一说自己评价书法作品的标准或原则是什么?(或怎样欣赏一幅书法作品)

2. 对学生的观点进行归纳总结。

(五) 书法实践练习

1. 教师准备好笔、墨、纸、砚及相关范本。

2. 学生根据书法赏析活动中对于书法艺术的理解与认识,选择书写的字体范本,分小组进行临写与创作。

3. 学生展示书写作品,师生共同赏析提升学生的审美能力和评述能力,提高他们的艺术涵养。

（六）评价

1. 学生畅谈自己对于书法新的认识与领悟。

2. 评价书写练习，归纳欣赏书法和书写技巧的一般方法，以及自身还需要改进加强的方面。

3. 师生共同总结本次书法活动的收获与感悟。

★ 学习评价

本次学习活动主要采取自评、互评、师评、查阅作品等形式考核。

1. 能够熟练地掌握软笔写字的姿势和章法。笔画按提明显，结构合理，大小匀称。

2. 提升对书法的浓厚兴趣，有良好的书写习惯。懂得书法艺术，有较强的书写功底。

3. 能够书写一幅属于自己的软笔作品，同学间相互欣赏。

4. 颁发兴趣特长证"入木三分证"给每一名优秀的学生，鼓励学生持之以恒，坚持到底。

设计者：曹禺

暖记忆 33　石头上的中国文字

⭐ 学习意图

　　石头上的中国文字,就是我们常见的印章,学术上称之为篆刻,篆刻是用书法(主要是篆书)和镌刻(包括凿、铸)相结合来制作印章的艺术,是中华民族悠久的文化艺术,因为它不只是生活、文化的思想的交流媒介,艺术价值也非常高,生活气息非常浓厚的艺术品。随着科学的进步,电子技术的普及,人们已经逐步忽视了篆刻的存在,真正的篆刻已经所见不多了。

　　学习篆刻从大的方面说,其学习主要有实用和欣赏两方面的意义,还有学习做人,陶冶情操,强健身体,启发智慧,也能继承传统的文化遗产,提高民族自豪感。

　　在学校举行系列古文化的回顾学习活动,旨在通过这些活动让学生在学习中了解篆刻的相关知识,进一步促进文化教育。我校是书法特色学校,篆刻与书法息息相关,通过篆刻知识的讲座活动,能进一步发展我校的特色教育。

⭐ 学习目标

　　1. 了解篆刻的由来,篆刻的发展史,篆刻的分类,丰富学生对传统文化的了解。

　　2. 引导学生积极主动地参加学校组织的古文化回顾学习活动,体会传统文化的博大精深。

　　3. 畅谈自己学习篆刻的过程和学习篆刻的心得,感受石头上中国文字的丰富多彩。

☆ 适用年级

1—6 年级全体同学。

☆ 学习活动

■ 一、学习内容

1. 引导学生主动搜集自己在日常生活中见到的篆刻作品，调动学生对了解石头上中国文字的热情。

2. 听篆刻知识小讲座，了解篆刻的所需材料。

3. 动手查询自己姓名变成石头上的中国文字该如何书写并进行简单的设计，老师选取一个学生的姓名进行的设计上石、操刀刊石，让学生感受篆刻的魅力。

■ 二、学习过程

（一）学生搜集资料，了解篆刻的相关知识

1. 学生观看篆刻的讲座视频，了解篆刻的相关知识，了解篆刻的所需材料（字典、刻刀、印泥、青田石印床、宣纸、毛笔、镜子、连史纸等）、刀法（单刀、双刀、冲刀、切刀）及篆刻的过程（设计印稿—印稿上石头—刻石头—上印泥—盖在连史纸上—修正）。

2. 学生主动搜集篆刻的相关资料（常见的印章，篆刻的种类，温州的篆刻名家介绍等），加深对篆刻的了解。

（二）听篆刻知识小讲座

1. 看"石头上的中国文字"篆刻知识小讲座的视频。

2. 讲解字法的查找，如何用篆刻字典。

3. 老师讲解分析如何进行印稿设计（印稿的组印方式），示范各种刀法的运用方式及其形成的效果，并进行刊石示范。

4. 老师示范如何打印泥和盖印。

5. 讲解如何进行最后的修正，使印更加完善。

(三) 石头上的中国文字的设计

1. 准备部分篆刻字典,分发给各个班级。

2. 老师准备班级的篆刻工具。

3. 老师通过视频与学生一起进行"姓名印"的印稿设计,让学生感受石头上文字的趣味和丰富性。

4. 师生共同进行印稿上石,并尝试进行刊石。

5. 修印,打上印泥盖在连史纸上,然后进行作品展示。

(四) 评价

1. 学生谈谈对篆刻的感受和认识。

2. 访谈参与家长的感受。

3. 师生共同总结本次活动的收获及感触。

☆ 学习评价

1. 对优秀的学生颁发"兴趣特长证"。

2. "兴趣特长证"评审标准:

(1) 能入木三分,对书法篆刻有浓厚的兴趣。

(2) 对书法篆刻知识有一定的认识,有较强的艺术功底。

(3) 能独立按照篆刻的步骤,进行篆刻,并初具规模。

(4) 参加与篆刻有关的比赛,并能取得较好的成绩。

3. 考评方法,采取自评、互评、师评、查阅作品等形式考核,达到各段相对应要求,即可获本年级段兴趣特长证中的第一证"入木三分证"。参加校级以上书法竞赛获奖或作品被展出,均可破格获得此证。

设计者:黄贤志

第七篇
最生活、最儿童的民风民俗

民族的,才是世界的;民族的,才是悠久的。传统节日凝结着中华民族的精神与情感,有着最生活、最本真的内在情愫……

暖记忆 34　张灯结彩闹新春

⭐ **学习意图**

春节是中华民族的第一大节,有迎年、除夕、守岁、拜年、祭祖等众多活动,这些隆重而热闹的活动,凝聚着中华民族的伦理情感、生命意识、审美情趣。它所蕴含的精神,是中华民族传统文化的集中体现。了解春节习俗,走进节日活动,丰富学生的知识,积淀民族文化,增进热爱中华民族的情感。

⭐ **学习目标**

1. 走进春节,感受春节热闹浓厚的氛围,了解春节的来历、习俗及传说,掌握有关春节的知识。

2. 通过相关的春节节目,感受民族情,传承民族文化。

3. 通过一系列活动,提升学生的综合素养。

⭐ **学习活动**

■ **一、学习内容**

1. 做游戏,初步感知年味。

2. 观看视频,走进新春佳节。

3. 展示资料,漫话春节习俗。

4. 表演节目,再现春节气氛。

5. 动手实践,提升整体素质。

■ **二、学习过程**

(一)做游戏,初步感知年味

1. 猜字谜。

a. 此兽非真兽,活在神话中。爆竹赶它走,也怕红灯笼。(年)

b. 皮包骨,心儿旺。白日睡,夜里光。(灯笼)

c. 前面来了一群鹅,扑通扑通跳下河。等到潮水涨三次,一股脑儿跳上坡。(饺子)

2. 倒贴"福"字,贴春联。

a. 请一组学生先在教室门上倒贴"福"字,再在黑板上贴一副春联。(注意上下联的位置)

b. 自由诵读,感受浓浓的年味;说说倒贴"福"字的寓意,春联的含义。

(二) 观看视频,走进新春佳节

1. 播放张灯结彩,热热闹闹过春节的视频。

2. 说说从中了解到的春节内容。

3. 畅谈自己家过年的热闹情景或所做的事情。

(三) 展示资料,漫话春节习俗

1. 各组展示收集来的春节资料,组内相互介绍自己了解到的春节习俗、传说故事等。

2. 每组选出代表,带着图片及文字资料,在班上讲解春节知识及风俗习惯,评出"春节知识小达人"。

3. 每组选出的代表在班上讲与春节有关的传说故事,评出"故事大王"。

(四) 表演节目,再现春节气氛

1. 表演邻里、亲戚拜年的情景剧。

2. 说说从中感知到的乡情、亲情,畅谈感受。

(五) 动手实践,提升整体素质

1. 一半同学分组包饺子,一半同学写春联,贴春联。

2. 现场煮饺子,吃饺子,品尝年味。

3. 评出春节"实践小能手"。

☆ 活动评价

1. 游戏、展示、表演、动手实践等活动,师生互评。

2. 活动中,教师针对学生的表现,颁发"兴趣特长证""生活技能证"。

3. 活动后,出一期关于春节的手抄报,或写一篇关于春节的习作,师生互评。

4. 回家包一顿饺子,家人互评,看谁包得漂亮。

设计者：武长青

暖记忆 35　津津汤圆话元宵

⭐ 学习意图

　　元宵节是我国民间一个重要的传统节日,是我国人民祈福风调雨顺、家人团聚的日子。本着"热热闹闹过元宵"的原则,深入挖掘元宵节的文化内涵,以"包元宵"这一活动为载体,吸引全体学生广泛参与,旨在通过这些活动,让学生在学习中了解元宵节的知识,挖掘元宵节文化内涵,营造浓郁的传统文化教育氛围,传承民族精神,进一步提升校园文化,凸显学校的特色教育。

⭐ 学习目标

　　1. 了解元宵节的由来、传说和习俗,知道我国是一个具有悠久历史的文明礼仪之邦。
　　2. 引导学生积极主动地参加学校组织的各项元宵活动,感受节日的魅力,提高学生自主进行综合活动的能力。
　　3. 畅谈自己的亲身体会,感受节日的热闹气氛。
　　4. 搜集学生的元宵节作品,如手抄报、卡片、作文等。

⭐ 适用年级

1—6 年级。

⭐ 学习活动

■ 一、学习内容

1. 引导学生主动搜集元宵节的资料,激发学生的民族自豪感。

2. 听元宵节知识小讲座。

3. 动手包元宵,感受节日氛围。

■ 二、 学习过程

(一) 学生搜集资料,了解元宵节知识

1. 低年级学生观看元宵节视频,了解元宵节由来及传说。

2. 高年级学生搜集、交流元宵节相关资料(由来与传说、习俗、诗歌),加深对元宵节的认识,体会节日的欢乐气氛。

(二) 听元宵节知识小讲座

1. 元宵节当晚,学生通过广播收听《元宵节知识小讲座》。

2. 通过电视收看"元宵节系列节目"。

3. 学生畅谈观后感。

(1) 小组交流。

(2) 全班交流。

(三) 背一背描写元宵节的诗句

观灯乐行

唐　李商隐

月色灯山满帝都,香车宝盖隘通衢。

身闲不睹中兴盛,羞逐乡人赛紫姑。

(四) 读一读描写元宵节的歌曲、谚语、俗语、歇后语

台湾民歌:《卖汤圆》

谚语:八月十五云遮月,正月十五雪打灯

俗语:一年一度元宵明

歇后语:包米面做元宵——捏不到一块儿

(五) 包元宵

1. 学校准备好充足的元宵粉及果馅,分发给各个班级。

2. 老师各自准备班级学生餐具。

3. 师生一起动手包元宵(低年级邀请家长参与),感受浓浓的节日氛围。

(1) 老师示范:先讲米团搓成长条,再分成同样大的块,接着再搓圆,捏成碗状,包进馅,最后再合拢,搓圆。

（2）师生一起"热热闹闹"动手做，感受其乐融融的节日气息。

（3）全班展示。

学生学包元宵。

学生展示自己的劳动成果——元宵。

⭐ 活动评价

1. 学生完成元宵节活动相关文字内容（手抄报、习作）。

2. 给在动手操作中表现优秀的学生颁发"生活技能证"。

设计者：汪玲

暖记忆 36　缕缕情思话清明

⭐ **学习意图**

　　清明在每年阳历 4 月 5 日左右,是二十四节气之一,也是中国重要的传统节日。在这一天,人们有踏青郊游、祭奠先祖、缅怀先烈的习俗。举行清明节相关活动,让学生了解清明习俗,深化对传统节日文化的认识,撷取传统文化的精髓,有助于丰富学生精神世界,传承千古文明,树立继承先烈遗志的远大理想。

⭐ **学习目标**

　　1. 了解清明节的由来、习俗,并感受传统祭祀文化。
　　2. 引导学生走出校门,参与到清明活动当中。
　　3. 交流活动感受,深化活动内涵。

⭐ **适用年级**

　　1—6 年级。

⭐ **学习活动**

■ **一、学习内容**
1. 搜集清明节相关诗句,了解清明习俗,激发学生参与的兴趣。
2. 开展清明知识交流会。
3. 学校组织学生参加网上"祭英烈"活动,动员学生参加清明踏青祭祖活动。

■ 二、学习过程

(一)学生搜集资料，了解清明知识

学生自己或在父母的帮助下通过网络、书籍、电视等媒介，搜集清明由来、习俗（特别是本地习俗）、诗句、谚语。

(二)开展清明知识交流会

1. 清明节前，班级开展清明知识交流会。

（1）确定交流会主题、时间、地点。

（2）针对之前搜集的清明节相关资料，开展清明知识交流会。

（3）交流会上，学习清明诗词，由老师或同学介绍清明节由来。

2. 班级收看保卫国家的经典战斗系列电影或短片，了解英雄事迹，激发爱国情感。

3. 学包清明饼，品尝清明饼，感受节日习俗。

（1）学校采购食材，分发给各个班级。

（2）老师讲解清明饼的制作方法。

（3）师生一起制作清明饼，感受食物中的节日文化。

（4）师生品尝清明饼。

(三)参加清明祭奠活动

1. 学校组织学生参加网上"祭英烈"活动，祭奠先烈，继承遗志。

2. 布置学生在清明假期里，跟随父母亲开展踏青祭祖，传承先祖之德的活动。

(四)活动评价

1. 清明节后，写一篇关于清明踏青祭祖活动的文章。

2. 学生畅谈清明活动感受。

3. 师生共同总结清明活动的收获。

⭐ **学习评价**

1. 学生将活动内容制成图集或写成文字。

2. 将学生关于清明踏青祭祖活动的文字作品收录成册。

3. 对清明节祭奠活动中表现良好的学生颁发"孝德修养证"。

设计者：周洋俊美

暖记忆 37　粽叶飘香迎端午

⭐ **学习意图**

　　端午节为每年农历五月初五,又称端阳节、午日节、五月节等,传为纪念爱国诗人屈原而设。至今已有2 000多年历史。人们开展了丰富多彩的活动来纪念爱国诗人屈原,就有了赛龙舟、吃粽子、佩香囊、插艾叶、喝雄黄酒等风俗。在这个节日里,学校举行端午节活动,旨在通过这些活动,让学生在学习中了解端午节的相关知识,营造浓郁的传统文化教育氛围,让传统文化潜移默化地在学生的心里扎根。

　　中国的传统节日五彩缤纷,文化内涵丰厚,留存着人类独特的文化记忆,有许多中华民族珍贵的生活史料,是历代民众共同创造的精神文明的积淀。通过参与端午节的各项活动,让学生了解端午节的由来、传说和习俗,知道我国是一个具有悠久历史文化的礼仪之邦。在学习包粽子的过程中提高学生的自主实践能力,感受浓厚的节日气氛,增强学生的民族自信心和自豪感。

⭐ **学习目标**

　　1. 了解端午节的由来、传说和习俗,深化学生的爱国主义情感。

　　2. 积极主动地参加学校组织的端午节各项活动,感受节日魅力,提高学生的自主实践的能力。

　　3. 畅谈自己的亲身体会,感受节日的浓厚气氛。

　　4. 出一期关于端午节的黑板报、手抄报,或写一篇关于端午节的作文。

⭐ **适用年级**

　　1—6年级。

☆ 学习活动

■ 一、学习内容

1. 引导学生主动搜集端午节的资料，激发学生的民族自豪感。

2. 观看各地过端午的民间习俗视频。

3. 开展"端午节"民风民俗知识小讲座。

4. 学习动手包粽子，感受节日氛围。

■ 二、学习过程

(一) 学生搜集资料，了解端午节的节日文化

1. 低年级学生观看各地过端午的民间习俗视频，了解端午节由来及传说。

2. 高年级学生主动搜集端午节资料（由来与传说、习俗、歌谣），加深对端午节的认识。

（通过吟诵端午歌谣观看端午节的录像，激发学生进一步探究端午节的兴趣，引发情感上的共鸣。）

(二) 开展"端午节"民俗民风知识小讲座

1. 端午节当晚，学生通过广播收听《端午节民风民俗知识小讲座》。

2. 学生说说印象深刻的内容。

(三) 包粽子

1. 学校准备好水泡后的糯米、红枣、粽叶、包粽线等材料，分发给各个班级。

2. 老师各自准备学生餐具。

3. 观赏包粽子过程，师生一起动手包粽子（低年级有家长参与），感受浓浓的节日氛围。

先观赏包粽子的过程：（事先可请一个家长代表示范）

示范语："将苇叶3—4片（窄的用4—5片）一叶搭一叶地排好，折成三角形兜，用左手拿住，右手抓一些湿米放入，再放上2—3个大枣或适量红豆，再抓一些湿米放入，然后抓些湿米添平，把叶子包裹起来，包严包密，用棉线捆好。"

4. 活动期间,背一背或唱一唱有关端午的诗词、歌谣。

乙卯重五诗

宋　陆游

重五山村好,榴花忽已繁。

粽包分两髻,艾束著危冠。

旧俗方储药,羸躯亦点丹。

日斜吾事毕,一笑向杯盘。

⭐ **学习评价**

1. 学生畅谈端午节体验。

2. 访谈家长参与后的感受。

3. 师生共同总结本次端午节活动的收获及感触。

4. 颁发"生活技能证"。

设计者：吕泗宇

暖记忆 38　明月千里赏中秋

⭐ **学习意图**

　　农历八月十五是我国传统的中秋节,也是我国仅次于春节的第二大传统节日,在这一天有赏月、吃月饼等习俗。中秋节的最大意义是"团圆",团圆不仅是外在的形式,而且是内心的和谐与相通。所以在这个特别的节日里,学校将举行一系列丰富多彩的活动,旨在充分挖掘传统节日内涵,了解祖国传统的优秀文化,激发广大师生的民族自豪感,让节日真正给我们带来快乐与幸福。

⭐ **学习目标**

　　1. 了解中秋节的由来、传说和习俗。

　　2. 通过对中秋节的了解,亲近传统文化,吸收传统文化的精华,夯实学生的文化底蕴,提高学生的人文素养。

　　3. 在丰富多彩的活动中,感受节日的热闹气氛,感受中秋节亲人团聚的温馨与幸福,激发学生对美好生活的热爱与向往。

⭐ **适用年级**

　　1—6 年级。

⭐ **学习活动**

　　■ 一、学习内容

　　1. 引导学生课前搜集中秋节的资料,初步了解中国的传统文化。

2. 利用校广播收听中秋节知识小讲座。

3. 吃月饼赏月,感受节日氛围。

■ 二、学习过程

(一)课前搜集资料,了解中秋节知识

1. 低年级学生观看中秋节视频,了解中秋节的由来及传说。

2. 高年级学生交流课前搜集的中秋节资料(由来与传说、习俗、诗歌等),加深对中秋节的认识。

3. 举行以"话中秋"为主题的节目展示活动。

(1)确定主题,学生自由组合。

(2)小组节目展示。

(3)师生互评。

(二)听中秋节知识小讲座

组织全体学生通过广播收听《中秋节知识小讲座》。

(三)吃月饼、赏月

1. 学校准备好充足的月饼、少量的果馅,分发给各个班级。

2. 老师各自准备班级学生餐具。

3. 师生共赏共品,感受浓浓的节日氛围。

4. 背一背或唱一唱有关中秋的诗词、歌曲。

(1)古诗词接龙:《中秋月》《水调歌头》等。

(2)唱一唱:《但愿人长久》《花好月圆》《爷爷为我打月饼》等。

(四)学习评价

1. 学生畅谈中秋节体验。

2. 访谈参与家长的感受。

3. 师生共同总结本次中秋节活动收获及感触。

⭐ 学习评价

1. 能通过网络、图书、挂图、杂志、报纸、广播、电视等多种形式搜集资料,并且能对搜集到的资料进行科学筛选并整理。

2. 能积极参加学校、班级的各种演出活动。

3. 珍视传统文化，懂得与别人一起分享快乐。

设计者：马作雄

暖记忆 39　跃跃欲试盼春龙

⭐ **学习目标**

1. 了解春龙节的由来、传说和习俗，知道我国是一个具有悠久历史的文明礼仪之邦。

2. 引导学生积极主动地参加各项春龙活动，感受节日魅力，提高学生自主进行综合活动的能力。

3. 畅谈自己的亲身体会，感受节日的热闹气氛。

4. 收集学生的春龙节作品，如手工制作、手抄报、卡片、作文等。

⭐ **适用年级**

1—6 年级全体同学。

⭐ **学习活动**

■ 一、学习内容

1. 引导学生主动搜集春龙节的资料，激发学生的民族自豪感。

2. 听春龙节知识小讲座。

3. 动手制作工艺品，感受节日氛围。

■ 二、学习过程

（一）学生搜集资料，了解春龙节知识

1. 低年级学生观看春龙节视频，了解春龙节由来及传说。

2. 高年级学生主动搜集春龙节资料（由来与传说、习俗、诗歌），加深对春龙节的认识。

（二）听春龙节知识小讲座

利用学校电视台，向学生播放《春龙节知识小讲座》。

（三）"穿龙尾"活动——通过制作形象的"龙尾"饰物，让学生感受春季来临，万物复苏，蛰虫开始活动

1. 学校统一准备相关材料。

2. 利用学校电视台统一教授制作过程。

3. 学生尝试制作。

（四）剃龙头。这一天，学生都要去理发店理发

（五）吃春饼（龙鳞的象征）。学校食堂这天要做春饼，学生通过品尝春饼感受春回大地，万物蒸腾的景象

（六）评价

1. 学生畅谈春龙节体验。

2. 展示作品。

☆ 学习反馈

学生完成春龙节活动相关作品（手抄报、习作、手工作品）。

设计者：范传荣

第八篇
在创意秀场中冲浪

贴近儿童,秀出兴趣;一枝独秀,秀出质量;游走天地,秀出信心。我们于创意秀场中冲浪,最有意义、最有意思的学习在这里展现。

暖记忆 40　心灵手巧　字母秀

⭐ 学习意图

英语有一句谚语：Education must be fun(教育必须是有趣的)，兴趣是学好语言的关键，激发学生学习英语的兴趣是英语教学的一项重要任务。

英语字母教学作为英语教学的一个重要组成部分越来越受到人们的广泛关注。字母是学习英语、形成读写技能的基础。学生扎实的字母基础有助于单词、句子、课文的进一步学习与理解；有助于提高学生学习的积极性与主动性，并养成良好的听、说、读、写习惯。在以英语为母语的国家，很多孩子的第一本书就是字母书。字母书就是用 26 个英文字母打头的单词汇编成一本书，孩子们在制作字母书的过程中，熟练掌握字母并轻松了解单词首字母的作用和意义。

⭐ 学习目标

1. 熟练掌握 26 个英语字母的字母音及在单词中的读音。
2. 了解英语单词首字母的作用及意义。
3. 通过制作字母书巩固已经学过的食物、饮料、水果、动物、学校、颜色等类别的单词。
4. 培养学生的动手能力和对所学知识的梳理、归纳、分类的能力。

⭐ 适用年级

2—3 年级全体同学。

⭐ 学习内容

1. 通过游戏复习 26 个英语字母的大小写。

2. 通过游戏分类复习食物、饮料、水果、动物、学校、颜色类的所有学过的单词。

3. 动手制作字母书,感受字母世界的神奇。

⭐ 学习活动

■ 一、"滚雪球"游戏,复习 26 个英语字母的大小写

1. 欣赏各种版本的英语字母歌。

2. 小组竞唱字母歌。

3. 学生以 8 人组为单位在老师准备的四线格中一个接一个地依次写出 26 个字母的大小写,写得最快、质量最好的小组获得一个单词星卡的奖励。

■ 二、"猜一猜"游戏,分类复习单词

1. 各小组组长到老师那里抽取单词类别。

2. 第一个同学根据组长抽到的类别画出一个自己知道的单词。

3. 第二个同学猜出第一个同学画的单词,猜出后再画一个自己知道的单词;如果没有猜出需向其他同学求助。

4. 画出最多的小组获得三个单词星卡的奖励。

■ 三、 制作字母书

1. 给自己的字母书起一个名字并做好封面:My _____ alphabet book(横线上需填入形容词,这些词就在各组得到的单词星卡上。)

2. 选择一类单词作为字母书的基础单词。

3. 开始制作。

■ 四、 评价

1. 学生以小组为单位互相欣赏。

2. 各小组推选出 3 本参加全班展示。

3. 全班欣赏各小组的小书，由小书制作人讲解自己的小书好在哪儿。

4. 全班同学表决推选出 5 本小书参加年级展示及比赛。

⭐ 学习评价

1. 班级收集学生作品。

2. 学校以年级为单位挑选最有创意、最好的作品扫描收藏。

3. 年级评选出 20 名学生授予"学科技能证"。

设计者：王瑶

暖记忆 41　童心童声　童谣秀

⭐ **学习意图**

　　兴趣是学习的先导,是改善学习效果、提高学习成绩的关键因素之一。因此,英语教师应努力为学生营造一个生动活泼的学习氛围,唤醒学生学习的积极性、主动性,让他们轻松愉快地学习英语,在乐中学,在乐中发展。小学英语歌谣能为学生提供一个愉快有趣的学习环境,优秀英语歌谣在课堂的适当引用能够使学生产生愉悦的情绪体验,营造宽松的课堂气氛,激发学生的创造性和想象力。英语歌谣有助于小学生对英语的发音、节奏、句子的结构等方面的理解与掌握,培养良好的语感,也利于学习巩固语法与词汇。同时学生在拍手、唱歌、舞蹈中轻松愉快地学习,不知不觉地夯实了英语的基础。

⭐ **学习目标**

1. 欣赏英语歌谣,理解其内在含义。
2. 模仿说简单旋律的英语歌谣。
3. 根据简答的旋律改编英语歌谣。
4. 根据一定的旋律创编英语歌谣。

⭐ **适用年级**

1—6 年级。

⭐ 学习活动

■ 一、学习内容

1. 教师播放"*Five Little Monkeys*"视频，激发学生哼唱歌谣、引导学生用其他单词改编歌谣、鼓励学生去创作歌谣。

Numbers：one，two，three，four，five，six，seven，eight，nine，ten.

Animals：monkey，duck，cat，dog，hen，pig，rabbit.

2. 学生动口动手表演歌谣。

3. 学生舞动身体表演歌谣。

■ 二、学习过程

（一）学生模仿、记忆、改编、创作歌谣

1. 学生听录音看视频，加深印象。

2. 学生积极思考改编歌谣。

3. 学生抓住特点创作歌谣。

（二）学生动口动手表演歌谣

学生根据歌谣，利用动作辅助记忆并表演歌谣。如学生采用拍拍手、敲敲桌子、跺跺脚等形式来加强节奏感。

（三）学生舞动身体表演歌谣

学生认真思考，发挥自己的想象，通过舞蹈更好地表现歌谣。如学生借助踢踏舞、手语等极具动感的身体语言来表演歌谣。

（四）评价

1. 学生吐露心声，谈表演歌谣的开心体验。

2. 家长表达自己的想法和建议，填写《月假作业家长反馈卡》。

3. 师生互评：你最喜欢的课堂活动？英语"妙趣之音"的评比。

⭐ 学习评价

1. 学生学习情绪良好，课堂表现积极愉快，英语学习兴趣高涨。

2. 评选班级"妙趣之音"。
3. 选送班级"妙趣之音"参加"英语口语风采大赛"。

设计者：王珍

暖记忆 42　独具匠心　瓶盖秀

☆ 学习意图

　　培养学生环保意识一直以来都是德育教育的重心之一。我校曾多次举办环保创意比赛,其目的是在学生当中形成和强化环保意识,使环保观念深入人心。而瓶盖是我们日常生活中接触比较频繁、也很容易随意丢弃的东西。将英语和瓶盖秀有机结合从而提升学生对英语学习的兴趣,培养学生的创造思维能力,以寓教于乐的方式使学生理解环保的重要性,体现了快乐英语、实践英语的理念。

☆ 学习目标

1. 了解参与环保的方式,明白环保需要每个人的共同努力。
2. 学会对瓶盖进行初步分类、加工。
3. 培养合作意识和英语思维,懂得寻找生活的乐趣与创作的艺术。

☆ 适用年级

1—6 年级。

☆ 学习活动

■ 一、学习内容

1. 激发环保热情,展示搜集的瓶盖。
2. 听色彩搭配知识小讲座。
3. 动手完成瓶盖作品,享受制作乐趣。

■ 二、学习过程

（一）展示学生搜集的瓶盖

1. 给低年级学生字母和单词拼图模板，利用搜集的瓶盖拼图。

低年级学生：教师提供字母或单词模板，例如 happy，my home 等，以六人一组，两个人负责对瓶盖进行颜色、造型等的深加工，两个人负责粘贴，两个人负责用英语介绍作品。瓶盖秀结束后，六人共同打扫卫生。

2. 高年级学生自主设计图案，用瓶盖拼图。

高年级学生：教师提供平面模板和立体模板各一块，以六人为一大组，三人负责平面模板，另外三人负责立体模板。平面模板组，两人共同负责创新瓶盖和粘贴，另一人负责英语解说瓶盖作品，立体模板组分工如上。然后，两个小组相互检查对方小组完成情况，并给予帮助。最后，六人共同打扫卫生。

（二）听色彩搭配知识小讲座

老师准备好相关视频，列出一些色彩搭配技巧供学生学习，并教育学生注意卫生。

（三）瓶盖作品展示

⭐ **学习评价**

学生方面：

1. 畅谈"瓶盖秀"的体验，总结本次"瓶盖秀"活动收获。

2. 相互评比，评出"最佳创意奖""最佳色彩奖""最佳口语奖"等若干名。

学校方面：

1. 年级评选出 15—20 名学生授予"兴趣特长证"。

2. 以班级为单位制作展板，评选先进班级若干名。

3. 学校汇总优秀作品，在网站上展出。

设计者：陈海建

暖记忆 43　英文绘本　智慧秀

☆ 学习意图

　　英文绘本是以英语为表述语言的图画故事书,几乎涵盖了儿童生活、成长的方方面面。小学生正处在学习英语语言的启蒙时期,通过英文绘本让学生感受地道的英语,激发学生的学习兴趣,调动学生学习的积极性,引领学生快乐地享受英语。

　　英文绘本教材"*Brown Bear What do you see*"描述的是孩子们眼中色彩艳丽的小动物形象和它们的叫声。为丰富学生的英语语言知识,提高学生运用英语的能力,开展多彩的英文绘本故事创作活动,旨在通过这些体验活动充分调动学生使用英语的积极性,充分发挥想象力,培养学生自主学习、合作学习的能力及利用英文绘本教材进行故事创编的能力。

☆ 学习目标

1. 了解英文绘本教材"*Brown Bear What do you see*"的故事情节及内涵。
2. 积极参加绘本小书制作,体验制作过程,提高学生自主创作绘本的能力。
3. 描述绘本故事,感悟绘本创作的同时丰富语言。

☆ 适用年级

1—3 年级。

☆ 学习活动

■ 一、学习内容

1. 引导学生主动阅读英文绘本教材"*Brown Bear What do you see*",感知故事情节。

2. 动手参与"*Brown Bear What do you see*"绘本书的创作。

3. 讲述自创的绘本故事情节。

■ 二、学习过程

(一) 学生阅读绘本,了解故事情节

1. 课前做调查:(1)学生们喜爱的动物名称是什么?(2)这些小动物是什么颜色的?

2. 学生课堂上交流调查情况,初步感知生活中小动物的颜色。

3. 欣赏"*Brown Bear What do you see*"绘本影像,感知英语语言和故事情节。

4. 同桌合作,记录绘本故事中的小动物及其颜色。

5. 学习故事中的疑难词句,如:I see a…looking at me.

6. 深入体验,感受每个小动物的叫声及语调。

7. 表演故事情节,加深对绘本故事的理解和掌握。

(二) 参与绘本书创作

1. 学生能够根据教师提供的材料:有色卡纸、勾线笔、剪刀、颜色笔、胶水等,进行小组分工合作,确定详细的绘本书创作步骤。

2. 发挥想象,画出喜爱的动物图片并涂上自己喜爱的颜色。

3. 剪贴图片装订成完整的绘本故事连环画册。

(三) 小组合作演故事

学生以小组为单位,先对创作的图片进行介绍,再对整个创作故事进行加工,最后进行表演。

⭐ 学习评价

1. 学生畅谈阅读绘本故事"*Brown Bear What do you see*"的感受,提高学生阅读的兴趣。

2. 学生体验绘本故事"*Brown Bear What do you see*"的创作,提高学生的动手操作能力。

设计者:杨春荣

暖记忆 44　跳蚤市场　购物秀

⭐ 学习意图

　　"英语跳蚤市场"通过旧物循环利用,以"钱"换物的方式,体现经济循环、生态环保的观念。让学生把家中闲置的文化用品、玩具、图书拿到交易市场与同学进行等价交换或"钱"物交换,培养孩子节约资源、爱护环境的意识,在活动中让学生们体验劳动快乐、公平买卖、资源共享并结识更多的朋友。

　　开展校园英语跳蚤市场活动不仅可以锻炼学生的英语口语表达能力,培养学生勤俭节约的好习惯,还能够提高学生的团队合作意识,数学运算能力,理财能力以及市场销售能力。

⭐ 学习目标

　　1. 创设真实买卖场景,让每个孩子从轻松愉快的活动中感受英语、应用英语,体验运用英语的快乐。

　　2. 让每个孩子在活动中找到自信,让英语走近每个孩子,使他们想说、敢说、能说、乐说。

　　3. 提高孩子间的交流能力,结识更多的朋友。

　　4. 体现旧物利用的价值,发扬勤俭节约的传统美德。

⭐ 适用年级

　　3—6 年级。

☆ 学习活动

■ 一、活动内容

1. 介绍有关跳蚤市场的背景,名字由来等。

2. 欣赏有关其他学校跳蚤市场的活动照片。

3. 复习并总结有关购物的常用英语表达方式。

4. 搜集可用于跳蚤市场上换购的商品,例如书籍、学习用品、玩具等。

■ 二、活动过程

(一) 准备阶段

1. 材料准备:设计淘宝币(即学科奖卡),卡样如下图:

正面:

| 奖卡 |
| (英语) |
| 班级:_____ |
| 姓名:_____ |

反面:

| 分值:_____ |

正反面都由教师填写,分值根据学生上课表现情况给予不同分值,代表不同金额。

搜集可用于跳蚤市场上换购的货品,例如书籍、学习用品、玩具等。

2. 知识准备:购物时常用英语的表达句式。

例:How much?

Can I help you?

Here you are.

Thank you!

⋯⋯⋯⋯⋯

3. 组织准备:

活动开始前宣布活动纪律,活动要求,活动时间限制及相关的注意事项。例如学生根据自己手里的淘宝币去换购心仪的物品,分值越大,换购的物品相应就越多,需注意全程都应使用英语交流。

（二）实施阶段

学生根据自己手里所拿的英语淘宝币去跳蚤市场购买物品，物品是由每个学生提供自己最心爱的小物品，如手套、玩具、食物、衣服等。每件物品都有标价，根据自己的淘宝币进行买卖。每个摊位都有一二位老师在旁指导，当学生成功用英语和老师进行沟通交流后，买卖成功，学生交出淘宝币，教师给予物品。当学生想要更高级的物品，而所持的淘宝币又不够的时候，他必须通过自己的努力来争取淘宝币。比如，他可以通过唱英语歌曲，表演节目来赢得大家的掌声，获取淘宝币。

在活动中可能会有个别同学英语表达困难或不敢说。针对这些情况，教师应尽量鼓励学生克服畏难心理，突破心理障碍并给予更多帮助与指导。

（三）评价阶段

英语跳蚤市场结束后，学生及时回到教室，英语老师组织交流当天的活动情况，并请同学展示自己所得的物品，发表感想。同时对表现出色的同学进行嘉奖，拍照留念并陈列在学校教室、走廊的墙上。

☆ 学习评价

1. 学生相互交流活动过程的感受。
2. 各班级评选出 5 名表现优秀的学生并颁发"英语学科技能证"。

设计者：熊菲

暖记忆 45 英语达人 "出彩秀"

☆ 学习意图

小学英语教学的目的是激发学生学习英语的兴趣,培养他们对英语学习的积极态度,建立学习英语的自信心.通过"达人秀"活动的开展,激发小学生学习英语的兴趣,提高学生的综合语言表达能力,形成地道的语音语调,推动校园英语活动开展,为学生搭建展示平台,为其进一步学习打下基础。

☆ 学习目标

1. 通过搭建"达人秀"活动平台,培养学生英语学习的浓厚兴趣。
2. 培养学生口语表达能力和英语思辨能力。
3. 让学生充分享受"学会"的喜悦,养成"会学"的能力。
4. 通过上台展示培养学生的自信心。

☆ 适用年级

3—6 年级。

☆ 学习活动

■ 一、学习内容

1. 学习英语自我介绍,日常用语及英语歌谣。
2. 观摩"CCTV 希望之星英语风采大赛"精彩片段。
3. 参加英语达人"出彩秀"展示活动。
4. 欣赏育英电视台播出的展示活动中的精彩片段。

■ 二、学习过程

(一) 全员参与，积极准备

1. 3、4 年级学生在老师的帮助下共同完成一份英语的《自我介绍》并背诵。

2. 5、6 年级学生先自主写好英语的《自我介绍》，然后主动与老师、同学交流，请他们帮忙修改并指导诵读。

3. 学生各自准备一个英语节目，例如歌舞、故事、童谣等。

4. 各班进行英语达人初选，每班选出 3—5 名学生参加学校的达人"出彩秀"。

(二) 集中培训，提高能力

1. 英语老师将各班选手集中起来，观摩"CCTV 希望之星英语风采大赛"精彩视频片段。

2. 通过讨论、交流来学习有关表演的知识和技巧。

3. 选手们各自完善自己的《自我介绍》和英语节目。

(三) 现场展示，秀出精彩

1. 参与"出彩秀"的选手在六楼演艺厅进行现场展示：自我介绍、英语节目并现场英语问答。

2. 每班派出 2 名代表现场观看"出彩秀"。

3. 育英电视台对节目现场进行全程跟踪拍摄。

(四) 达人评比，访谈分享

1. 现场评选出 10 名英语达人。

2. 访谈英语达人的学习、表演心得，拍成微视频与全校师生分享。

☆ 学习评价

1. 英语"出彩秀"节目录像存档。

2. 每个年级评选出 20 名活动中表现突出的学生授予"学科技能证"。

设计者：任媛

第九篇
我的生活我做主

刷牙洗脸，我能行；收拾整理，我拿手；端茶倒水，我会做；垃圾分类，我内行……衣食住行，家里家外，我们微笑着递上自己的"金名片"。

暖记忆 46 干干净净人人爱

⌐

⭐ 学习意图

"好习惯,益终生。"小学生要学会正确的刷牙、洗脸、洗脚的方法,认识到在生活中养成良好的生活卫生习惯的重要性,提高自己的生活自理能力。

⭐ 学习目标

1. 懂得清洁脸部,保护牙齿,清洗双脚的重要性。
2. 掌握正确的洗脸、刷牙、洗脚的方法,养成每天早晚洗脸、刷牙,睡前洗脚的好习惯。

⭐ 适用年级

1 年级。

⭐ 学习活动

■ 一、学习内容
1. 引导学生说说自己是如何刷牙、洗脸、洗脚的。
2. 指导学生掌握正确的刷牙、洗脸、洗脚的方法。
3. 通过实践活动,矫正错误的刷牙、洗脸、洗脚的方法。
■ 二、学习过程
(一) 学生说说自己的做法
引导学生说说自己平时是如何刷牙、洗脸、洗脚的。

（二）教会学生刷牙的正确方法

1. 先刷上、下排牙齿的外侧面,把牙刷摆放在牙龈边缘的位置,以两至三颗牙齿为一组,用适中力度来回移动牙刷。

2. 刷上下牙齿外侧时,要将横刷、竖刷结合起来旋转画着圈刷,即上牙画"M"形,下牙画"W"形。

3. 再刷牙齿的内侧面,重复以上动作。

4. 刷门牙内侧的时候,牙刷要直立放置,用适中的力度从牙龈刷向牙冠,下方牙齿同理。

5. 刷咀嚼面,把牙刷放在咀嚼面上前后移动。

（三）学生进行刷牙实践

1. 分组练习,组长组织组员互相学习。

2. 老师巡回指导。

3. 每组推选一人上台演示。

4. 师生评价。

（四）教会学生洗脸的正确方法

1. 浸湿毛巾、拧干毛巾。

2. 把拧干的毛巾展开并放在手心上。

3. 洗脸:绕圈洗——洗眼睛——洗鼻子——洗脖子——洗耳朵。

4. 搓洗毛巾,拧干,挂毛巾。

（五）学生练习洗脸

1. 分组练习,老师巡回指导。

2. 每组推选代表演示。

3. 师生评价。

（六）教会学生洗脚的正确方法

1. 倒半盆温水。

2. 洗脚:洗脚背——洗脚趾间——洗脚心——洗脚后跟。

3. 擦干脚,倒掉水。

（七）学生练习洗脚

1. 分组练习,老师巡回指导。

2. 每组推选代表演示。

3. 师生评价。

(八) 总结评优。

1. 师生一起总结洗脸刷牙洗脚的方法。

2. 评出"灵巧小手"。

⭐ 学习评价

1. 每个学生学会正确的刷牙、洗脸、洗脚的方法。

2. 班级举行一次学生刷牙洗脸洗脚的比赛活动,给获奖者颁发"生活技能证"。

设计者：耿宇霞

暖记忆 47　折叠衣物我拿手

⭐ 学习意图

　　生活自理能力是一个人应该具备的最基本的生活技能。让学生掌握叠衣服、叠被子的方法,教育学生主动做力所能及的家务劳动,对于独立生活能力的培养、劳动观念的形成有着重要的意义。

　　通过本课的学习,学生学会叠衣服、叠被子的基本技能,懂得自己的事情自己做。通过叠衣服、叠被子等活动,培养正确的劳动观,养成良好的自理习惯。

⭐ 学习目标

　　1. 使学生知道平时叠衣服、被子的重要性。

　　2. 掌握正确叠衣服、叠被子的方法。

　　3. 丰富学生的日常生活,养成良好的生活习惯,激发学生热爱生活的情感。

⭐ 适用年级

　　3—4 年级。

⭐ 学习活动

■ 一、学习内容

1. 引导学生探索学习折叠衣服、被子的方法。

2. 能独立折叠衣服、被子。

3. 会主动做力所能及的家务劳动。

■ 二、学习过程

(一) 感知整理房间的重要性

1. 出示整洁的和脏乱的房间图片,对比观察。

2. 交流:从中发现了什么问题,哪一个房间好,为什么?

3. 小结:衣物叠得整不整齐影响到我们整个人的精神风貌,所以我们要养成每天认真叠衣服、被子的好习惯。

(二) 探索折叠衣服的方法

1. 交流:平时你是怎样叠 T 恤的?

2. 相机梳理,叠 T 恤的步骤如下:

(1) 把上衣纽扣扣好。

(2) 把上衣反向铺在桌子上,用手抚平。

(3) 取肩宽的四分之一宽度,叠一条直边直到衣脚。

(4) 把袖子往衣背里叠。

(5) 叠另外一边的方法与 3、4 点相同。

(6) 以包住袖子下方为度,把衣脚往上叠。

3. 小组合作:交流叠衬衫、叠裤子的方法。

叠衬衫的操作是:

(1) 把衬衫的扣子扣好,放平在桌子上,按住领口把前襟扣子处弄整齐。

(2) 把衬衫反向铺在桌子上,用手抚平袖子的皱褶。

(3) 根据衬衫的肩宽,将衣服向后折,再根据折叠后的宽度袖子折叠,左右相同。

叠裤子的操作是:

(1) 把裤子前排对折,裤裆拉平整,用手抚平。

(2) 折起裤脚的三分之一。

(3) 把裤折到裤后袋位置,再进行最后一折。

(三) 练习叠整套衣服

要求学生按照顺序去叠,教师巡视,发现操作不当的,及时纠正。

(四) 探索叠被子的方法

1. 利用毛巾当被子,进行折叠,教师分解叠被子的正确动作。

2. 学生分组进行练习，教师在旁进行指导。

3. 展示好的作品。

⭐ 学习评价

1. 学生畅谈整齐折叠衣服、被子的体验，会折叠衣服、被子，整理好自己的衣柜、床铺。

2. 回家后给家里人展示自己是怎样叠衣服、被子的。访谈家长对于孩子回家后主动整齐折叠衣物的感受。

3. 收集学生回家后整齐折叠衣服、被子的图片、视频作品，全班展示，颁发"生活技能证"。

设计者：黄国强

暖记忆 48　清洁餐具我能行

☆ 学习意图

　　通过"帮家长清洗餐具"的教学,引领学生进行家务劳动,从而让学生掌握一些简单的自理技能、相关的自理知识与卫生常识。让学生体会家长在家务处理及相关劳动上的不易与艰辛,培养学生孝敬父母,关爱他人的良好思想品质,促进学生逐渐养成良好的劳动与卫生习惯。同时通过此项活动,让学生学会感恩,学会"温暖"他人。借此建立起家校之间的联系,增进学校教育与家庭教育的相互融合,践行温暖教育。

☆ 学习目标

　　1. 理解并学说词语:擦洗、清洗。

　　2. 初步学会洗餐具的技能,让学生懂得自己的事情自己做。

　　3. 通过洗餐具的活动,培养学生热爱劳动、孝敬父母、关爱他人的优良品质,逐步养成良好的卫生习惯。

☆ 适用年级

1—6 年级全体同学。

☆ 学习活动

■ 一、学习内容

1. 开展有关"家庭劳动"相关话题的讨论。

2. 观看有关"餐具清洗"的过程图片。

3. 学习"餐具清洗"的基本要领。

4. 放月假回家帮家长清洗餐具,进行实践操作。

■ 二、学习过程

(一) 自学探讨,引出主题

1. 讨论:你们的爸爸、妈妈这么辛苦,你们应该怎么办?

2. 讨论:你们怎么来帮爸爸、妈妈洗餐具?

(二) 观看图片,观察要领

1. 要求学生认真观看"餐具清洗"的过程图片。

2. 边看边观察操作要领,并思考注意事项,如:安全、卫生要求。

(三) 模仿技能,深入学习

1. 学生分小组练习:口头描述餐具清洗基本过程,指导模仿清洗方法。

(1) 从餐桌上收拾整理好碗、碟、筷子等。(用桌布把餐桌擦干净)

(2) 整齐叠放到水池中。

(3) 准备洗碗布,倒入洗洁精。

(4) 先用洗洁精将餐具擦洗一遍。

(5) 重新放入干净的热水中清洗。

(6) 整齐码放好或放到碗柜中。

2. 总结餐具清洗的注意事项:

① 安全方面:要站稳,袖子卷高。动作轻柔,水最好不要溅到外面。拿稳餐具,以免摔破划伤自己。

② 卫生方面:清洗干净,节约用水。

(四) 多元评价,展示学习成果

1. 学生谈谈本节课自己的收获。

2. 提问学生餐具清洗过程及注意事项。

3. 放月假回家帮家长清洗餐具,将自己实践的过程图片及录像短片上传到班级的"微信群"中,老师给予评价。

4. 回家帮家长清洗餐具的活动成绩将与"四证"评选中"生活技能证"的评选相结合。

设计者:纪考专

暖记忆 49　我是房间小主人

⭐ 学习意图

　　1. 生活自理能力是指规划、料理、控制自己的日常生活并处理好人际关系的能力。这种能力是社会适应能力的重要组成部分,也为学生走向未来奠定基础。而学会整理、分类、摆放生活用品,是学生走向社会,走向独立的基本生活技能之一。因此,培养孩子的生活自理能力势在必行。

　　2. 我校是全寄宿制学校,一直都致力于培养学生的自理能力。学生从小学一年级就开始学习正确摆放自己的生活用品、学习用品等,学会整理自己的房间,有利于培养孩子的自理能力、合作意识,激发学生热爱生活的情感。

⭐ 学习目标

　　1. 懂得整理房间的重要意义。
　　2. 掌握整理房间的技能,养成良好的生活习惯。
　　3. 感受整理房间所带来的愉悦感。

⭐ 适用年级

　　4—6 年级。

⭐ 学习活动

■ 一、学习内容
　　1. 引导学生说说平时在寝室里整理房间的感受。
　　2. 教师举例说明红红同学的房间整理情况。

3. 说说自己如何进行合理整理房间的,再谈谈自己收拾房间的感受。

■ 二、学习过程

(一) 观察图片,感知整理房间的重要性

1. 观察红红的卧室(乱七八糟)。

2. 交流:喜欢红红的卧室吗? 为什么?

3. 感知整理房间的重要性。

(二) 掌握整理房间的方法

1. 交流:平时你是怎样整理房间的?

2. 小结整理房间的方法。

(三) 整理房间注意的事项以及步骤

1. 每天早起整理床铺,折叠被子。

床是房间里最大的一个平面,只要床面干净整洁,房间就已经整理好 50%—70%了。

2. 有序的摆放物品。

先把衣服、书、玩具和其他东西分类好,然后给房间分出存放区域,再一一进行整理。

(1) 折好被子。

(2) 叠好衣服,并有序摆放。

(3) 摆好自己的洗漱用品。

(4) 给花儿浇浇水。

(5) 学会打扫,地面保持干净。

(6) 欣赏温馨的房间。

3. 师生一起畅谈整理房间的感受。

(四) 学习评价

教师课堂问答评价,学生复述整理房间的整个流程,由中队委及各个寝室长在老师的安排下,指导、评价整理房间的效果。

⭐ **学习评价**

1. 通过生活指导师推荐,采用互评、师评,家长评价,学生养成自我整理的良好习惯。

2. 对照"四证四强"的评比要求,颁发相应的"整理物品证"。

设计者：吕军刚

暖记忆 50　垃圾回"家"美如画

☆ 学习意图

　　校园是师生学习生活的地方,校园环境的好坏对师生身心健康有很大的影响。通过本课程及学校举行的系列活动,让学生树立正确的环保意识,培养学生良好的卫生习惯,营造优美的学习环境和育人环境。

☆ 学习目标

　　1. 了解环境污染的危害,懂得校园环保的重要性和必要性。

　　2. 明白环境保护要从我做起,从身边小事做起,唤起人们的环境保护意识,争做"环保小卫士"。

　　3. 养成不乱扔垃圾,能主动捡垃圾的好习惯。

☆ 适合年级

　　小学 1—6 年级。

☆ 学习活动

■ 一、学习内容

1. 观看《女娲补天》,从中了解环境污染的危害。

2. 实地观察了解校园环保现状,学唱环保儿歌。

3. 举行"不乱丢,主动捡"校园环保签名活动。

■ 二、学习过程

(一) 欣赏视频,导入新课

1. 欣赏《女娲补天》。

2. 交流:女娲娘娘所看到的灰蒙蒙的天空,正是由于空气受到污染引起的,你知道有哪些人为污染环境的情况吗?

3. 相机梳理,演示相关环境污染的图片:A. 乱砍乱伐树木;B. 土地沙漠化;C. 水资源污染;D. 捕杀野生动物;E. 随地倾倒的生活垃圾。

(二) 明确校园垃圾的种类和来源

1. 交流:在我们的校园里,哪一类的垃圾最多?

2. 师生讨论产生这些垃圾的原因。

(三) 设计活动,明理导行

1. 交流:我们校园的角角落落如果被这些垃圾环绕,那将给我们的生活带来哪些影响?

2. 学生在老师的带领下到校园去了解校内的环境卫生。

3. 讨论交流:见到这些垃圾,你有什么想法?你想对同学们说些什么?如果是你,你怎么做?

4. 环保儿歌

> 环保就靠你我他,习惯养成棒棒哒。
>
> 育英学子齐协力,果皮纸屑都回家。
>
> 校园环境美如画,人人见了人人夸。

(四) 小结

这节课,我们认识了校园环保的重要性,找出了解决校园垃圾的方法,知道只有从小事做起,从自己做起,唤起人们的环保意识,才能让我们的家园更美。让我们做"环保小卫士"吧!

(五) 举行"不乱丢,主动捡"校园环保签名活动

⭐ **活动评价**

1. 通过互评、师评，学生养成"不乱丢、主动捡"的良好卫生习惯。
2. 对照"四证四强"评比要求，为优秀学生颁发生活技能等级证书。

设计者：游伟

附

"四强四证"：学校课程评价的创意

传统的评价制度偏重考试成绩及甄选功能，强调整齐划一。它以教师评价为主，很少让学生进行自我评价，更别说同伴之间的互评了。评价也只关注结果，忽略了思维过程、体验过程、感悟过程等对于促进学生个性发展的价值。这种没有顾及学生发展的多样性和不平衡性，将所有学生放在同一尺度上相互比较的评价模式，不但造成对学生的误评价，而且会严重挫伤学生的自尊心，教师也得不到学生应有的尊重与理解。

为了改变这一弊端，过去两年来，我们对此进行了积极的探索。我们依据温暖教育的理念，从多元、主体、开放的角度出发，逐步构建了一套评价内容多元化，评价方法多样化，评价过程动态化的"四强四证"评价体系。它以"四强"为育人目标，以"四证"为评价体系，强调评价方式的多样性，过程的动态性，并通过丰富多彩的活动，使学生自主参与。我们力图通过这样的评价方式促进课程改革与课程转型，让个性化的学生都能寻找到自己的特长，挖掘自己的优点，让人们眼中的"学困生"也有自己的用武之地。在促进学生全面发展的同时，尊重学生个性发展，让孩子感受教育的温度，感受教师的关爱，从而留下最温暖的童年记忆。

一、 课程评价体系产生的背景

温州育英国际实验学校小学分校从 1996 年开始办学，至今已走过了 23 个春秋，现已有教学班级 52 个，在校生 2 100 人左右。自建校以来，我们牢固树立"质量立校"的理念，夯实日常教学管理，对于优生培养、学困生帮扶等工作，摸索出一套有"育英"特色的管理办法。近几年，小学分校在教学成绩、艺体培训等方面都取得了不少成绩，在家长、社会中也形成了良好的口碑。

随着办学的深入，我们学校封闭式的管理以及原有的评价体系，显得越来越不合时宜，也严重地制约了学校的发展。为了求生存，求发展，学校必须求变，所以在有效实施国家课程、地方课程的同时,我们结合多年来课外科技文体活动的传统与优势,结合学校师资、场地、经费及学生需求等因素,以学生为主体,开设了形式多样、内容丰富、大小课程相结合的校本课程。它是国家和地方课程的延伸和补充,也是学校特色的拓展,它既在课堂40分钟内,也在课外。

为了使课程的实施更加顺利和深入,我们对过去那种评价主体单一,把学生排斥在评价活动之外,只能被动接受评价的评价体系做了相应调整。过去在对学生的评价时,我们强调整齐划一,以教师评价为主,很少让学生进行自我评价,更别说同伴之间的互评、家长评、社会评了。这种过于强调标准统一性的评价,造成被评价者墨守成规、千人一面,严重压抑人的创造性和个性,没有顾及学生发展的多样性和不平衡性,将所有学生放在同一评价尺度上相互比较。既造成对学生的误评价,又严重挫伤学生的自尊心。评价只关注结果,忽略了思维过程、体验过程、感悟过程等对于促进学生发展的价值。为了改变这一现状,因而有了今天这一新的"四强四证"评价体系。

二、"四强四证"课程评价体系

"四强四证"评价体系的宗旨是"留给孩子最温暖的记忆"。我们力争从德、智、体、艺等多方面,以学生能力的培养和形成过程为出发点,以自评、互评、师评、家长评、社会评为形式,构建以"知识功底强、创新意识强、身体素质强、自理能力强"为"四强",以"孝德修养证、生活技能证、知识技能证、兴趣特长证"为"四证"的"四强四证"评价体系。

(一)"四强"育英人骄傲无比。

所谓"四强",即"知识功底强、创新意识强、身体素质强、自理能力强"。"知识功底强"要求孩子们热爱学习,有较强的学习能力,在学习过程中,能运用已知学习方法,了解世界,了解自我,感受学习的温暖;"创新意识强"指能通过阅读、观察、讨论、独立思考等思维过程,加深对知识的理解,培养技能,提出自己的观点、看法,并把部分观点、看法尝试实施;"身体素质强"则要求通过校本课程的各项活动,使自己包括在力量、速度、耐力、灵敏和柔韧等五个方面,越来越强,以应对复杂多变的社会学习行为;"自理能力强"是要提高自我服务意识,自己照顾自己,能适应新时代自我学习、自我发展的需求。

表 8　四强育人目标体系

目标	具 体 表 现		
	低年级（1、2 年级）	中段（3、4 年级）	高年级（5、6 年级）
知识功底强	保持正确的读写姿势，专心倾听，勤于朗读背诵，乐于课外阅读，勇于表达自己的想法和意见。	自主预习复习，认真完成作业，认真倾听，会质疑，留心观察事物，会操作简单的实验。	有主动的学习态度，养成使用工具书的习惯，勤于搜集并整理资料，知道规划自己的和家长的旅行及学习计划。
创新意识强	学会观察并做简单的记录，会进行绘画创作，并能正确表达自己的观察结果。	学会操作简单的实验，能得出简单的实验结论。能进行七巧板、美画板操作、创作。	学会分析实验数据，会发现问题并思考。能用电脑绘画创作、小报制作。会一些小发明、小创造。
身体素质强	积极参加课内外体育锻炼，并且有自己喜欢的体育活动或体育游戏，初步了解个人卫生保健知识。	乐于参加体育游戏、比赛，初步掌握球类运动的基本方法。初步了解一些疾病的危害和预防知识。	通过体育活动进行积极性休息并感受其乐趣，保持良好的身体姿态，提高灵敏性、力量、速度和心肺的耐力，有合作精神。
自理能力强	自爱：懂得交通安全、地震、火灾等基本知识；自律：不影响他人，会礼貌用语；自理：保持个人卫生和环境卫生。	自爱：学会自我保护，学习食品安全；自律：学会集会礼仪；自理：学会整理学习用具，学会洗小件的衣物袜子。	自爱：学会疾病防治知识，了解青春期知识；自律：尊重、帮助弱势群体，学会主动整理公共卫生；自理：学会自己内务自己整理。

在"四强"育人目标指引下，使学生养成良好的学习习惯、生活习惯和道德品质，形成健康的心理，树立正确的世界观、人生观和价值观。这就要求我们教师用"心"去教育，去引导学生，构建和谐的师生关系。这既是构建和谐社会的要求，又是全面推进素质教育的要求。

学生有优秀的成绩、漂亮的书写、雄辩的口才、生花的妙笔，能唱好一首歌、跳好一支舞、画好一幅画，会口算、会解决问题、会七巧板、会读书、会讲故事、会叠被子、会洗袜子、会吃饭、会用药、会扫地、会洗碗、会给长辈按摩、会帮同学做事等，都能让孩子收获各自的快乐和成功,都会留下温暖的记忆。在温暖教育理念"爱"的主题教育下,我们倡导从小养成"家国情怀"的能力,通过"四强"的育人目标,播下孝敬的种子、道德的种子、文化的种子、知识技能的种子、创新意识的种子、生活技能的种子。培养学生爱家爱国之心,做一个有责任、敢担当的人,这是我校温暖教育办学理念的希望,我们坚守这份希望。

如今,我校每月都要举办一次"四强四证育英骄傲人物"表彰大会,既为了表彰先进,更为了给孩子留下童年的温暖记忆。

(二)"四证"评选温暖记忆。

"办温暖教育,建和谐校园,铸百年品牌"是我校的办学宗旨。温暖教育就是让我们牢记教育应该是温暖人心的事业,教师应该是一个内心温暖的人,应该带领儿童过温暖的生活,让他们在校园里开心生活与学习,把校园当成乐园,给童年留下温暖美好的记忆。"四证"评选活动,就是这一"温暖美好记忆"的载体。

所谓"四证",即孝德修养证、生活技能证、知识技能证、兴趣特长证。

1. 孝德修养证。"孝"就是孝敬父母长辈,"德"就是高尚道德修养。通过对这一荣誉的设置,使学生自觉追求把自己培养成孝敬父母长辈,有高尚道德修养的新时代儿童。孝德修养证的具体内容包括:我会待人接物、我会尊敬师长、我会助人为乐、我会勤俭节约、我会公益活动、我会遵守公德。详见表9。

表9　孝德修养证考评表

序号	一级指标	二级指标	三级指标		考评方法
			年段	具体内容	
一	我会待人接物	1. 会礼貌用语并与他人友好相处。 2. 熟知相关礼节,会待人接物。	低年级	1. "您好""请""谢谢""再见""对不起"常挂嘴边。 2. 见到客人时会主动打招呼。 3. 做客时不调皮捣蛋,能按相关礼节行事。	说明:采用自评、互评、师评、家长评、家访等形式考核,达到各段相对应要求,即可获本年级段孝德修养证中的第一证"待人接物证"。在文明礼仪方面受校级以上表彰的可破格获得此证。
			中段	1. 大人交谈时既不随意插话,又能很礼貌地回答相关的问题。 2. 能热情给客人让座、倒茶、递毛巾、摆水果。 3. 交流时能认真倾听,与相同年龄的小伙伴友好相处。	

序号	一级指标	二级指标	三级指标		考评方法
			年段	具体内容	
			高年级	1. 家长不在时，能主动招待来客并会陪客人聊天。 2. 懂得与别人一起分享快乐，真诚待人。 3. 学会谦让，尽量不与他人发生争执。	
二	我会尊敬师长	1. 懂得尊敬老师，孝敬长辈。 2. 能认真完成老师和长辈交代的任务。	低年级	1. 会称呼不同的长辈，主动向老师问好、敬礼。 2. 外出或回家时，会和家长打招呼。 3. 长辈回家或外出，会站起来迎送。 4. 听长辈和老师的话，完成自己力所能及的任务。	说明：采用自评、互评、师评、家长评、家访等形式考核，达到各段相对应要求，即可获本年级段孝德修养证中的第二证"尊敬师长证"。被评为校级以上"十佳孝星"，或获得校级以上这一方面表彰的可破格获得此证。
			中段	1. 与老师和长辈交流，双目注视，认真倾听。 2. 不在背后给老师取外号。 3. 外出会搀扶老人，给老人让座。 4. 面对老师和长辈批评时，不顶撞，不任性。 5. 认真学习，不辜负家长的期望，遵守校纪，不让家长操心。	
			高年级	1. 不影响老师办公或休息，老师家访，热情接待。 2. 懂得感恩老师，主动帮助家长和老师，减轻他们的负担。 3. 能主动向家长汇报学习情况和思想情况。 4. 能经常陪长辈聊天，打电话问候他们。 5. 家长生病，会嘘寒问暖、倒水送药。 6. 牢记长辈们的生日，能以合适的方式为他们祝贺。	

序号	一级指标	二级指标	三级指标		考评方法
			年段	具体内容	
三	我会助人为乐	1. 明白助人乃快乐之本的道理。 2. 经常主动帮助他人。	低年级	1. 能主动借给他人学习用品。 2. 会主动帮别人值日。 3. 同学不开心了，能和他玩耍，逗他开心。	说明：采用自评、互评、师评、家长评等形式考核，达到各段相对应要求，即可获本年级段孝德修养证中的第三证"助人为乐证"。本年度被评为校级以上"三好学生"可破格获得此证。
			中段	1. 能帮助老人、残疾人过马路。 2. 同学成绩下降了，会劝慰并帮助他。 3. 同学生病了，会问候关心。	
			高年级	1. 能尊老爱幼，乘车让座。 2. 同学题目不会做，能耐心讲解。 3. 同学有伤心事，能替其分担。 4. 能参加班级互助小组，积极帮助班级中有困难的同学。	
四	我会勤俭节约	1. 有勤俭节约的意识。 2. 生活中能勤俭节约。	低年级	1. 不浪费粮食，尽量将食物吃干净。 2. 离开教室或房间，随手关灯。 3. 接完水后，随手关紧水龙头。 4. 不强求家长购买贵重的玩具和衣服。	说明：采用自评、互评、师评、家长评、家访等形式考核，达到各段相对应要求，即可获本年级段孝德修养证中的第四证"勤俭节约证"。
			中段	1. 洗拖把时，洗澡时，节约用水。 2. 外出春游或秋游，不乱花钱。 3. 不浪费笔、纸等学习用品。 4. 不和别人攀比。	
			高年级	1. 废物、废水等再次利用。 2. 有自己的储蓄罐，能将零花钱积攒起来购买学习用品。 3. 能将旧的书籍、衣服等集中起来并捐赠给山区小朋友。 4. 不购买、不使用奢侈品。	
五	我会公益活动	1. 有强烈的公益活动意识。 2. 能积极参加公益活动。	低年级	1. 能主动捡拾垃圾。 2. 会为灾区儿童捐赠学习用品、生活用品。 3. 积极参加学校举行的献爱心活动。	说明：采用自评、互评、师评、家长评、家访等形式考核，达到各段相对应要求，即可获本年级段孝德修养证中

序号	一级指标	二级指标	三级指标		考评方法
			年段	具体内容	
			中段	1. 积极参加"一日捐"活动,为活动的举办出力。 2. 在社区内能协助清理非法小广告。 3. 积极参加植树活动。	的第五证"公益活动证"。在校内外各种公益活动中,表现突出,影响面大者,可破格获得此证。
			高年级	1. 能宣传保护环境知识。 2. 会用自己的零花钱资助需要帮助的人。 3. 能到社区、敬老院帮助孤寡老人。 4. 积极宣传并参加社区举办的一些公益活动。	
六	我会遵守公德	1. 遵守学校规章制度。 2. 有公德意识,遵守公共秩序。	低年级	1. 对待别人,会亲切称呼,不说脏话。 2. 会爱护公物,不在课桌椅上乱涂乱画。 3. 不随手乱扔垃圾,不摘花折枝,不践踏草坪。 4. 上课认真听讲,遵守课堂纪律。	说明:采用自评、互评、师评、家长评等形式考核,达到各段相对应要求,即可获本年级段孝德修养证中的第六证"遵守公德证"。本年度被评为校级以上"三好学生"或"优秀学生干部",可破格获得此证。
			中段	1. 在公共场所,不大声喧哗。 2. 不随便拿别人钱物。 3. 捡到东西,主动交公。 4. 乘车购物,自觉排队。	
			高年级	1. 与人为善,不打架斗殴。 2. 能健康上网,不沉溺于网吧。 3. 公共场所,不影响他人休息或工作。 4. 珍惜自然资源,保护生态平衡。 5. 不做违法犯罪的事,能以合适的方式同坏人坏事作斗争。	

2. 生活技能证。所谓的"生活技能"不单单是指穿衣、吃饭、整理内务等生存能力,更是指一个人的心理能力和社会能力,是一个人有效地处理日常生活中的

各种需要和挑战的能力,是保持良好的心理状态,并且在与他人、社会和环境的相互关系中表现出适应和积极的行为的能力。它包括:我会安全用药、我会安全饮食、我会讲究卫生、我会整理物品、我会健康运动、我会沟通交流、我会情绪调节、我会安全防护。详见表10。

表10　生活技能证考评表

序号	一级指标	二级指标	三级指标		考评方法
			年段	具体内容	
一	我会安全用药	1. 当我不舒服的时候会马上跟老师或家长说。 2. 我会及时去医务室看病,并遵医嘱按时吃药。 3. 我会主动看药品说明书并按要求去做。	低年级	1. 不舒服的时候会马上告知家长或老师。 2. 会在老师的帮助下去医务室看病。 3. 会在老师的帮助下按时吃药,并且多喝水。 4. 吃好药后会把药品放好。	说明:采用自评、互评、师评、家长评等形式考核,达到各段相对应要求,即可获本年级段生活技能证中的第一证"安全用药证"。
			中段	1. 不舒服的时候,会马上告知老师,并且自己去医务室看医生。 2. 会在老师、同学的提醒下按时吃药。 3. 会及时向老师或家长说明吃药后的情况。 4. 会监督、提醒同学按时吃药。 5. 会记住自己吃药期间需要注意的事项。	
			高年级	1. 在医务室看病时,能够主动汇报自己的病情,告诉医生自己药物过敏史。 2. 每次吃药会看药品说明书并按要求去做。 3. 会妥善保管好自己的药品并合理地处理病好后多余的药。	
二	我会安全饮食	1. 有良好的饮食习惯,不偏食,不暴饮暴食。	低年级	1. 从不喝陌生人的饮料,不吃陌生人的糖果,因为这样不安全。 2. 会在餐前把手洗干净,注意饮食卫生。 3. 吃饭的时候安静、专心,不喧哗。	采取自评、互评、师评、家长评、问卷、春游秋游时现场考核等方式,达到各段相对应要求,即可获本年级段生活

序号	一级指标	二级指标	三级指标		考评方法
			年段	具体内容	
		2. 会辨识零食生产日期、保质期，能够根据食物的形状、颜色判断食物有无发霉变质。		4. 会在打热水的时候注意安全，不让自己烫伤。	技能证中的第二证"安全饮食证"。
			中段	1. 在进餐时会保持桌面、地面干净；在用餐后会把餐具放好，并且把凳子放到桌子下。 2. 饭菜不够吃时，会在主动告诉家长、老师后再主动添加。 3. 会把零食分类放好在矮柜里，会辨识零食的生产日期和保质期。 4. 即使遇到自己最喜欢的零食，也不会暴饮暴食，不挑食。	
			高年级	1. 会根据食物的形状、颜色判断食物有无发霉变质。 2. 在学校选餐时会根据自己的需要选择，争做"光盘小英雄"。 3. 到正规商店里购买，不买校园周边、街头巷尾的"三无"食品，购买时仔细查看商品标签，标签中必须标注：产品名称、配料表、净含量、厂名、厂址、保质期、产品标准号等，不买标签不规范的产品。 4. 会选择适合自己食用的食品，不盲目随从广告。	
三	我会讲究卫生	1. 有良好的卫生习惯，掌握一定的卫生知识。 2. 自己卫生自己做。	低年级	1. 常洗手，干完活后会用洗手液、香皂洗手。 2. 会正确地刷牙。 3. 会自己洗脸、洗鼻孔、洗耳朵、洗脚。 4. 会保持厕所卫生，便后将马桶冲洗干净。	说明：采用自评、互评、师评、家长评等形式考核，达到各段相应要求，即可获本年级段生活技能证中的第三证"讲究卫生证"。
			中段	1. 会用洗发露洗头发，用沐浴露擦洗身体。 2. 学会自己剪指甲，并且保持指甲干净。	

序号	一级指标	二级指标	三级指标		考评方法
			年段	具体内容	
				3. 会使用防蚊、灭蚊的常见方法。 4. 不会随地吐痰、甩鼻涕。 5. 能主动维护学习、生活场所的地面卫生。	
			高年级	1. 会自己洗袜子、鞋子、内衣。 2. 懂得青春期知识，并会做好青春期健康卫生。 3. 会注意清洗容易忽略的部位，如颈部、腋下、耳背、股部、腿部。 4. 会注意用眼卫生：不在强光下看书，不在行走的车上看书，不躺着看书，不用脏手揉眼睛。	
四	我会整理物品	1. 及时整理凌乱的物品，养成分类放置物品的习惯。 2. 培养归位意识，建立物品登记册。	低年级	1. 会让自己课桌椅保持整洁。 2. 会整齐摆放洗漱用品。 3. 会在使用学习用品后把它放回原来的位置。 4. 会在镜前正冠、整衣，保持穿着整齐。	说明：采用自评、互评、师评、家长评等形式考核，达到各段相对应要求，即可获本年段生活技能证中的第四证"整理物品证"。
			中段	1. 离开座位时，会将凳子放到桌子底下，把桌子摆整齐。 2. 会整理自己房间的书桌、书柜、床铺、衣柜。 3. 矮柜内物品摆放整齐，并保持饮水杯干净。 4. 养成将自己的物品登记的习惯。	
			高年级	1. 养成叠被子、叠衣服的好习惯。 2. 会将垃圾分类整理。 3. 养成分类放置物品，并将其随时归位的好习惯。 4. 协助家长将家庭物品登记造册并分类整理。	

序号	一级指标	二级指标	三级指标		考评方法
			年段	具体内容	
五	我会健康运动	1. 热爱运动,经常参加运动。 2. 掌握一定的运动技巧和知识,有良好的身体素质。	低年级	1. 会在路队中保持好队形,不与同学打闹,保证安全。 2. 会熟练地掌握跳绳、慢跑两种锻炼身体的好方法。 3. 能够在体育课上积极参加运动游戏,而且保证自己的安全。 4. 会认真做好两操。	说明:采用自评、互评、师评、家长评等形式考核,达到各段相对应要求,即可获本年级段生活技能证中的第五证"健康运动证"。参加校级运动会赛事获前6名,参加区级运动会赛事者,可破格获得此证。
			中段	1. 熟知做剧烈运动前的热身运动要领。 2. 在课间会积极参与两项以上的运动,如乒乓球、羽毛球、足球、抖空竹等。 3. 会在运动时注意保护自己的面部、骨骼。 4. 会积极参加学校运动会。 5. 知道在运动期间需积极补充水分。	
			高年级	1. 知道自己擅长的运动项目,而且能够坚持锻炼。 2. 能够在团队运动项目中学会团队合作,与队友互相鼓励、配合。 3. 会一些运动防护、急救小措施,如降温、防暑、防寒、防摔等。 4. 积极参加校级、区级、市级运动会及运动类赛事。 5. 每天参加运动不少于1小时。	
六	我会沟通交流	1. 认真倾听,乐于沟通。 2. 有一定的沟通技巧。	低年级	1. 身体不舒服时,会主动告知身边的老师、告知家长。 2. 懂得一些沟通的技巧,如见面要说"您好,我是某某"。与别人告别时需要送至门口,并向对方说"再见"。需要帮忙的时候,会跟对方说"你好,可以帮我一个忙吗?谢谢"。当别	说明:采用自评、互评、师评、家长评、现场考评等形式考核,达到各段相对应要求,即可获本年级段生活技能证中的第六证"沟通交流证"。

序号	一级指标	二级指标	三级指标		考评方法
			年段	具体内容	
				人需要帮忙的时候,会积极主动帮助对方,还会说"不客气"。 3. 当朋友、家长、老师打来电话时,会接电话并注意礼貌用语。	
			中段	1. 会与寝室的同学和睦相处,当他们需要帮忙的时候会积极相助。 2. 心里难受的时候,会主动告知朋友、老师、家长。 3. 受到伤害时,会告知家长、老师、长辈或警察。 4. 在集会的时候,知道做到有序进退场,不喧哗,不影响他人发言、表演。 5. 当自己在台上发言、表演结束时,需要说声"谢谢",鞠躬后谢幕。	
			高年级	1. 懂得尊重残疾人士、不嘲笑,积极为他人提供帮助。 2. 会在别人难过的时候分担他(她)的痛苦,静静地聆听他(她)的倾诉。 3. 会主动向家人或师长、朋友倾诉自己的心事。 4. 当别人提出观点时,会倾听,并提出自己的合理看法。	
七	我会情绪调节	1. 能够了解自己的情绪并适度控制。 2. 会合理宣泄和调节情绪。	低年级	1. 在课堂上会自信地举手发言,说出自己的想法,享受成功的喜悦。 2. 会把自己高兴的事儿讲给朋友听。 3. 会把自己不高兴的事儿讲给朋友听,讲给老师、家长听。 4. 知道在课堂上不可以随便哭闹。 5. 当和同学闹矛盾的时候,会向对方道歉。	说明:采用自评、互评、师评、家长评、现场考评等形式考核,达到各段相对应要求,即可获本年级段生活技能证中的第七证"情绪控制证"。

序号	一级指标	二级指标	三级指标		考评方法
			年段	具体内容	
			中段	1. 当不想做某件事的时候,会跟老师、同学说明理由。 2. 会因为集体的荣誉而和大家一起开心。 3. 在团体活动中遇到不开心的事情时,会及时跟老师、同学沟通,请求帮助。 4. 不自觉的时候,会请同学、老师帮忙监督、提醒。	
			高年级	1. 当感觉有压力的时候,会将注意力转移到愉快的事情上去。 2. 如果感觉自己的心里总是特别不舒服的时候,除了跟老师说之外,还可以找心理老师咨询。 3. 当自己感觉学习疲倦的时候,会通过做喜欢的运动或游戏来缓解疲劳。 4. 当想不通时,不钻牛角尖,换一个角度看问题,跳出原有的局限,塞翁失马,焉为非福。	
八	我会安全防护	1. 有较强的安全防护意识。 2. 掌握了一定的安全防护知识和技能。	低年级	1. 懂得"不玩带电电线、电器,不用湿手接触电器"等用电安全道理。 2. 懂得"红灯停、绿灯行、靠右行、走斑马线"的交通安全基本知识。 3. 懂得不接受陌生人的"礼物",不与陌生人说话的道理。 4. 知道110、119、120等紧急电话的使用方法。	说明:采用自评、互评、师评、家长评、现场考评等形式考核,达到各段相对应要求,即可获本年级段生活技能证中的第八证"安全防护证"。
			中段	1. 知道保护自己身体的重要部位。 2. 知道"小孩遇到危险可以自己先跑"的道理和做法。 3. 知道"遇到危险可以打破玻璃,破坏家具"的道理和做法。	

序号	一级指标	二级指标	三级指标		考评方法
			年段	具体内容	
				4. 熟知地震、火灾逃生措施及通道。	
			高年级	1. 懂得"不玩火、不乱放烟花、不破坏消防设施"等消防安全知识。 2. 知道"煤气泄漏应急办法、火场安全逃生技能"。 3. 懂得"不参加无大人陪同、无保护措施的游泳"的道理。 4. 懂得不在大树底下避雨、不在空旷地带和山顶玩耍的防雷击办法。 5. 懂得假期外出游玩的安全注意事项，如不可在下雨天游泳，不可独自攀爬危岩。	

3. 知识技能证。"知识技能证"顾名思义，即懂知识，更重技能，二者密切联系，缺一不可。就是让学生在实践中自主、自悟、自得，从而将书本知识内化为自己的知识、技能，促进学生个性、特长和谐地发展，从而全面提高学生的综合素质，具体内容包括：我会流利朗读、我会熟练阅读、我会具体表达、我会正确计算、我会分析推理、我会主动质疑、我会观察记录、我会动手操作、我会搜集整理。详见表 11。

表 11　知识技能证考评表

序号	一级指标	二级指标	三级指标		考评方法
			年段	具体内容	
一	我会流利朗读	1. 能用普通话正确、流利、有感情地朗读。	低年级	1. 养成读书的正确坐姿：身直、头正、肩平、足平，两手将书拿起，呈 45 度角。 2. 喜欢朗读，能做到吐字清晰，书声朗朗，落落大方。	1. 在校早读课时，坐姿正确，书声朗朗。 2. 假期在家每天坚持晨读。 3. 课堂上读书书声朗朗，落落大方。

序号	一级指标	二级指标	三级指标		考评方法
			年段	具体内容	
		2. 喜欢朗读。		3. 音准气足,基本做到发音正确、清楚、响亮,尽量不读错字,不丢字,不添字,不唱读,不回读。 4. 读准标点符号的停顿和表达的语气,读好长句子中词语间的停顿和难读的句子。	4. 现场朗读一段文章,能做到正确、流利、有一定的感情。 5. 积极参加班级、学校举行的诵读活动。 6. 理解朗读的文章,脑海中能再现文字所描绘的画面。 7. 朗诵竞赛获过相关奖励。 (说明:采用自评、互评、师评、家长评、现场考评等形式考核,低年级达到前4条要求,中段达到前5条要求,高年级达到前6条要求,即可获相对应年级段知识技能证中的第一证"流利朗读证",达到第7条要求可破格获证。)
			中段	1. 读书时,要"三到":眼到——看清楚字,口到——声音响亮地读,心到——边读边记忆文中的美词佳句。 2. 有一定的语感,能通顺、流利、有感情地通读完整的一篇文字,不读破句,处理好语气上的停顿及句与句之间的停顿。 3. 在理解的基础上朗读,要注意正确表达课文的思想感情,做到声情并茂。	
			高年级	1. 边读边想象,将优美的文字在脑海中再现,并变成一幅幅画面。 2. 对古诗词、文言文的朗读,能掌握基本的快慢轻重节奏,读出韵味,达到"声断意连、一唱三叹"之效果。 3. 会配乐朗读,朗读时能根据文章内容和音乐把握自己的声音基调,并做到面部表情、肢体语言等也要与朗读内容相协调。	
二	我会熟练阅读	1. 喜欢阅读,能从阅读中感受到乐趣。	低年级	1. 养成爱护图书的习惯。 2. 喜欢阅读,感受阅读的乐趣。 3. 学习默读,能结合上下文和生活实际了解课文中词句的意思,在阅读中积累词语。 4. 能借助读物中的图画阅读,能阅读浅近的童话、寓言、故事,向往美好的情境,关心自然和	1. 家中有自己的书柜,有一定量的图书。 2. 经常到班级图书角或学校图书馆借阅图书。 3. 假期或课余能经常性阅读,阅读量达到相对应学段的要求。

序号	一级指标	二级指标	三级指标		考评方法
			年段	具体内容	
		2. 有一定的阅读能力和阅读速度。 3. 注重阅读体验，能做到合作交流。		生命,对感兴趣的人物和事件有自己的感受和想法。	
			中段	1. 初步学会默读,做到不出声,不指读;学习略读,粗知文章大意。 2. 体会课文中关键词句表达情意的作用。 3. 能初步把握文章的主要内容,体会文章表达的思想感情,能对文中不理解的地方提出疑问。 4. 能复述叙事性作品的大意,初步感受作品中生动的形象和优美的语言,关心作品中人物的命运和喜怒哀乐,与他人交流自己的阅读感受。 5. 养成读书看报的习惯,收藏图书资料,乐于与同学交流。课外阅读总量不少于 40 万字。	4. 能和同学及家人聊聊自己的读书感受。 5. 积极参加班级、学校举行的读书活动。 6. 质量检测中阅读单项成绩达到优良。 7. 阅读能力竞赛获过相关奖励。 (说明:采用自评、互评、师评、家长评、检测等形式考核,低年级、中段、高年级均达到前 6 条要求,才可获相对应年级段知识技能证中的第二证"熟练阅读证",达到第 7 条要求可破格获证。)
			高年级	1. 默读有一定的速度,默读一般读物每分钟不少于 300 字。 2. 能联系上下文和自己的积累,推想课文中有关词句的意思,辨别词语的感情色彩,体会其表达的效果。 3. 在阅读中了解文章的表达顺序,体会作者的思想感情,初步领悟文章的基本表达方法。在交流和讨论中,敢于提出看法,作出自己的判断。 4. 阅读叙事性作品,了解事件梗概,能简单描述自己印象最深的场景、人物、细节,说出自己的喜爱、憎恶、崇敬、向往、同情等感受;阅读诗歌,大体把握诗意,想象诗歌描述的情境,体会作品的情感,受到优	

续　表

序号	一级指标	二级指标	三级指标		考评方法
			年段	具体内容	
				秀作品的感染和激励,向往和追求美好的理想;阅读说明性文章,能抓住要点,了解文章的基本说明方法;阅读简单的非连续性文本,能从图文等组合材料中找出有价值的信息。 5. 课外阅读总量不少于100万字。	
三	我会具体表达	1. 对写作有浓厚的兴趣。 2. 能具体明确、文从字顺地表述自己的意思,能根据日常生活需要,运用常见的表达方式写作。	低年级	1. 对写话有兴趣,写自己想说的话,写想象中的事物。 2. 在写话中乐于运用阅读和生活中学到的词语,准确地表达自己的意思,语句基本通顺。 3. 根据表达的需要,学会使用逗号、句号、问号、感叹号。	1. 经常性进行作文小练笔。 2. 质量检测时作文单项成绩为优良。 3. 积极参加班级、学校举行的与写作有关的活动。 4. 平时的作文一半以上被评为"优秀"。 5. 习作被老师当做范文读过。 6. 写作能力竞赛获过相关奖励。 7. 在校报或其他报刊上发表过习作。 (说明:采用自评、互评、师评、检测、查阅习作本等形式考核,低年级、中段达到前4条要求,高年级达到前5条要求,才可获相对应年级段知识技能证中的第三证"具体表达证",达到第6或第7条要求可破格获证。)
			中段	1. 乐于书面表达,增强习作的自信心;愿意将自己的习作读给人听,与他人分享习作的快乐。 2. 能不拘形式地写下见闻、感受和想象,注意表现自己觉得新奇有趣的、或印象最深、最受感动的内容。 3. 在习作中恰当地运用自己平时积累的语言材料,特别是有新鲜感的词句。	
			高年级	1. 懂得有意识地丰富自己的见闻,珍惜个人的独特感受,积累习作素材。 2. 能写简单的纪实作文和想象作文,内容具体,感情真实;能根据习作内容表达的需要,分段表述。 3. 会写读书笔记和常见应用文。 4. 能根据表达需要,使用常用的标点符号。 5. 会经常修改自己的习作,并主动与他人交换修改,做到语句通顺,行款正确,书写规范、整洁。	

序号	一级指标	二级指标	三级指标		考评方法
			年段	具体内容	
四	我会正确计算	1. 能正确进行计算,有一定的速度。 2. 会合理、灵活地选择计算方法。	低年级	1. 能熟练地口算 20 以内的加减法和表内乘除法,会口算百以内的加减法。 2. 能计算三位数的加减法,一位数乘三位数、两位数乘两位数的乘法,三位数除以一位数的除法。 3. 能结合具体情境进行估算,并解释估算的过程。 4. 能够与他人交流计算的过程。 5. 能灵活运用不同的方法解决生活中的简单计算问题,并能对结果的合理性进行判断。	1. 有良好的计算习惯。 2. 有典型的计算错例记录本。 3. 及时完成老师的计算练习,有一定的准确率。 4. 能将自己好的计算心得与他人分享。 5. 质量检测时计算单项成绩为优秀。 6. 积极参加班级、学校相关活动。 7. 计算能力竞赛获过相关奖励。 (说明:采用自评、互评、师评、检测、查阅资料等形式考核,低年级、中段、高年级均达到前 6 条要求,才可获相对应年级段知识技能证中的第四证"正确计算证",达到第 7 条要求可破格获证。)
			中段	1. 会口算百以内一位数乘、除两位数。 2. 能笔算三位数乘两位数的乘法,三位数除以两位数的除法。 3. 能结合现实素材理解运算顺序,并进行简单的整数四则混合运算。 4. 探索和理解运算律,能应用运算律进行一些简便运算。	
			高年级	1. 能在具体运算和解决实际问题的过程中,体会加与减、乘与除的互逆关系。 2. 会分别进行简单的小数、分数加、减、乘、除运算及混合运算。 3. 会解决有关小数、分数和百分数的简单实际问题。 4. 在解决具体问题的过程中,能选择合适的估算方法,养成估算的习惯。 5. 能借助计算器进行较复杂的运算,解决实际问题,探索简单的数学规律。	

序号	一级指标	二级指标	三级指标		考评方法
			年段	具体内容	
五	我会分析推理	1. 能够从已有的事实出发,凭借经验和直觉,合理推断某些结果。2. 善于分析推理,能够从一般性的前提推出特殊性的结论。	低年级	1. 对分析推理有浓厚的兴趣。2. 能够在游戏活动中猜测事情结果,感受简单分析和推理的过程。3. 能够简单说出自己猜测、推理的原因。	1. 相关教师进行现场考核。2. 课堂回答问题时,能够有理有据。(说明:采用自评、互评、师评、现场考查等形式考核,低年级、中段、高年级均达到1、2条要求,才可获相对应年级段知识技能证中的第五证"分析推理证"。)
			中段	1. 能够从具体的例子归纳出一般性的结论。2. 能够从很多条件中找出关键条件,善于从复杂的事情中找出规律,作为推理的突破口。3. 有分析推理的意识,慢慢懂得由直观的推导方法过渡到抽象的推导方法。	
			高年级	1. 有分析推理的习惯和自觉性,懂得推理的多种形式。2. 发展合情推理能力并进行有条理的思考,能比较清楚地表达自己的思考过程与结果,要懂得逐步延伸和扩展,从而层层深入。3. 能够在学习法则、性质、公式后,用于具体解决问题时,说出相关依据。	
六	我会主动质疑	1. 懂得"小疑则小进,大疑则大进"的道理。2. 有质疑的意识,敢于质疑,善于质疑。	低年级	1. 有强烈的好奇心、求知欲,能够在平时生活中多问几个为什么。2. 课堂学习中敢于提问,并想方设法找到答案。	1. 课堂上敢于提问。2. 生活中经常问为什么。3. 有自己的疑难问题记录本。4. 经常参加小组讨论,有自己独特的见解。5. 不因争论问题和同学、家长闹别扭。(说明:采用自评、互评、师评、家长评等形
			中段	1. 明白"学贵有疑"的道理。2. 在预习或阅读等单独学习时,能将不懂的问题记录下来,合适的机会再向他人请教。3. 能积极参加小组学习,敢于发表对问题的不同见解。	

序号	一级指标	二级指标	三级指标		考评方法
			年段	具体内容	
			高年级	1. 有质疑的意识,友好质疑,能以他人乐于接受的方式提出自己的疑问,不钻牛角尖。 2. 会在学习的不同阶段,不同过程中提出不同问题,并自主、合作、探究地去解决问题。 3. 善于质疑,主动质疑,在学习中能变无疑为有疑。	式考核,低年级、中段、高年级均达到前5条要求,才可获相对应年级段知识技能证中的第6证"主动质疑证"。)
七	我会观察记录	1. 热爱大自然,有浓厚的观察兴趣。 2. 善于观察,有良好的观察习惯、品质,懂得一定的科学观察方法。 3. 能及时记录观察情况。	低年级	1. 热爱大自然,对周围的新鲜事物有浓厚的兴趣。 2. 有良好的观察习惯,能经常观察身边的动植物,了解它们的变化情况。 3. 能对一个静止的事物有序观察。	1. 对观察有浓厚的兴趣,经常留心观察周围的事物。 2. 按各段要求设置场景,现场考核。 3. 有观察记录本。 (说明:采用自评、互评、师评、现场考评等形式考核,低年级达到前2条要求,中段、高年级达到所有3条才可获相对应年级段知识技能证中的第7证"观察记录证"。)
			中段	1. 掌握一定的观察方法,能有目的进行观察,初步养成良好的观察品质。 2. 能用眼、耳、鼻、舌、手(皮肤)等多种感官进行观察,去直接感知自然事物的特性。 3. 能认真观察科学实验,如实记录实验过程,得出实验结论。	
			高年级	1. 有目的地进行观察,能确定观察的对象,观察的角度,观察的步骤,详细记录观察过程。 2. 能在长期耐心观察事物的基础上,发现问题,经过思考和科学验证,得出一些结论。 3. 通过对比观察,能发现事物的异同点,了解表象后面的本质;观察有一定的深刻性,能找出事物的一些规律。	

序号	一级指标	二级指标	三级指标		考评方法
			年段	具体内容	
八	我会动手操作	1. 对动手操作有兴趣,善于动手操作。 2. 能根据需要独立或合作完成简单的实验。	低年级	1. 有良好的动手操作习惯,懂基本的操作常规。 2. 能利用一些学具,动手解决学习中的问题。 3. 能动手设计并制作简单的节日贺卡。	1. 经常利用学具解决学习中的实际问题。 2. 能制作贺卡送给老师和亲人。 3. 积极参加班级、学校的科技制作活动。 4. 质量检测时,实验操作单项成绩优良。 5. 现场独立或合作完成简单的实验。 6. 参加科技制作比赛获得过相关奖励。 (说明:采用自评、互评、师评、现场考评等形式考核,低年级达到前3条要求,中段达到前4条要求,高年级达到前5条要求,即可获相对应年级段知识技能证中的第八证"动手操作证",达到第6条要求可破格获证。)
			中段	1. 能根据实验的要求选取实验器材,知道器材的名称。 2. 会根据蜗牛、蚯蚓、蚕的身体特征画它们的简图,并会操作指南针和磁铁。 3. 会操作过滤、溶解的实验,并会连接简单的电路及检验它们。	
			高年级	1. 能按要求进行一些简单的实验:实验前要将自己的姓名、班级书写到实验报告单相关位置;然后正确选取仪器并根据实验要求,组装仪器,按步骤完成实验,并在实验过程中,将实验现象、数据记录到实验报告单上;最后,整理仪器,清理桌面,回复原位,并完成实验报告单余下内容。 2. 会正确使用弹簧秤,会使用简单的工具、电动机、显微镜、放大镜,会辨别物理变化和化学变化。	
九	我会搜集整理	1. 对搜集整理资料有浓厚的兴趣。 2. 善于搜集并整理有关资料。	低年级	1. 上课经常做课堂笔记。 2. 能从图书、报纸、网络上查找自己所需的资料。 3. 对搜集整理资料有浓厚的兴趣,有自己的摘抄本或剪贴本。	1. 课堂上经常做笔记。 2. 有自己的摘抄本或剪贴本。 3. 积极参加班级、学校的相关活动。 4. 现场考核搜集整理资料的能力。 (说明:采用自评、互
			中段	1. 能通过网络、图书、挂图、杂志、报纸、广播、电视等多种形式搜集资料。	

序号	一级指标	二级指标	三级指标		考评方法
			年段	具体内容	
				2. 能对搜集到的资料进行科学筛选并整理。 3. 能利用自己搜集的资料解决学习和生活中的一些问题。	评、师评、现场考评等形式考核,低年级、中段、高年级均达到前4条要求,可获相对应年级知识技能证中的第九证"搜集整理证"。)
			高年级	1. 能够利用实地采访和考察的形式搜集到自己想要的资料。 2. 会将自己的资料和别人共享,互通有无,与同学共同合作解决问题。 3. 善于搜集并整理有关资料,能辨别相关资料与信息的真伪。	

4. 兴趣特长证。"兴趣特长证"包含兴趣与特长两方面。兴趣即兴致,指对某一事物特别喜好;特长,即特别擅长的专门的技艺。"兴趣特长证"是指在有浓厚兴趣基础之上的特长,不是为了特长而去花特别长的时间学,因为培养没有兴趣的特长是不人道的。这里的兴趣特长更注重使人集中注意,从而产生愉快的心理情绪。具体包括:我能入木三分(书法特长)、我能栩栩如生(绘画特长)、我有体育技能(运动特长)、我会电脑操作(微机特长)、我能翩翩起舞(舞蹈特长)、我懂阳春白雪(音乐特长)。详见表12。

表 12　兴趣特长证考评表

序号	一级指标	二级指标	三级指标		考评方法
			年段	具体内容	
一	我能入木三分	1. 对书法有浓厚的兴趣,有良好的书写习惯。	低年级	1. 养成良好的写字姿势:头正、肩平、足安,手握距离笔尖一寸处,眼睛距离书面一尺,书本正放。 2. 书写时笔画起收正确,结构合理。 3. 书写楷书时,保持字大小匀称。 4. 书写楷书时,有一定的速度。	说明:采取自评、互评、师评、查阅作品等形式考核,达到各段相对应要求,即可获本年级段兴趣特长证中的第一证"入木三分证"。参加校级以上书法竞赛获奖或作品被展出,均可破格获得此证。

序号	一级指标	二级指标	三级指标		考评方法
			年段	具体内容	
		2. 懂书法艺术,有较强的书写功底。	中段	1. 硬笔书写工整,书面整洁,笔顺正确,结构合理,大小匀称。 2. 初步养成定期练字的好习惯(每天坚持20分钟以上)。 3. 有自己的硬笔书法作品,积极参加各种书法比赛。 4. 初步学习用软笔写字,能够正确地掌握软笔的书写姿势。	
			高年级	1. 硬笔书写已经形成自己的风格。 2. 能够熟练地掌握软笔写字的姿势、章法。 3. 用软笔写字笔画按提明显,结构合理,大小匀称。 4. 有自己的软笔作品,积极参加各种书法比赛并获得一定的成绩。	
二	我能栩栩如生	1. 对画画有着浓厚的兴趣。 2. 有一定的绘画功底,懂评价欣赏绘画艺术。	低年级	1. 对画画有着浓厚的兴趣,经常画画。 2. 对基本构图、色彩有着一定的敏感度和表现欲。 3. 能较好地临摹相关绘画作品。 4. 积极参加班级教室的布置。	说明:采取自评、互评、师评、查阅作品等形式考核,达到各段相对应要求,即可获本年级段兴趣特长证中的第二证"栩栩如生证"。参加校级以上绘画竞赛获奖或作品被展出,均可破格获得此证。
			中段	1. 具有儿童画创作能力,并且在构图中具有一定的创新。 2. 初步具有欣赏名家作品的兴趣。 3. 具有合作完成绘画作品的能力,而且构图、色彩合理,有一定创新。 4. 积极参加校内外各种绘画比赛。	
			高年级	1. 具有创作较为复杂构图的能力,并且能够解释自己的作品创意。 2. 具有一定的绘画功底,能够快速地完成基本构图。	

序号	一级指标	二级指标	三级指标		考评方法
			年段	具体内容	
				3. 对细节图画的处理细致入微，具有创意。 4. 能够主动欣赏一些名家作品，并能够提出自己对绘画作品的理解。 5. 积极参加校内外绘画比赛，并能够获得一定的成绩。	
三	我有体育技能	1. 热爱运动，经常参加体育锻炼。 2. 掌握一定的运动技能，擅长某一项体育运动。	低年级	1. 热爱运动，如每天坚持晨练，从不间断。 2. 经常参加某一项运动，如跳绳、打篮球、跑步等。 3. 积极参加班级、学校举行的团体游戏运动。 4. 体育测试成绩优良。	说明：采取自评、互评、师评等形式考核，达到各段相对应要求，即可获本年级段兴趣特长证中的第三证"体育技能证"。凡参加校级运动会获前 6 名或参加区级以上运动会，均可破格获得此证。
			中段	1. 喜欢玩空竹，能够独立完成空竹 12 式。 2. 擅长某一项运动，积极参加此项运动的训练。 3. 积极参加学校田径运动会。 4. 体育测试成绩优良。	
			高年级	1. 未经老师批准，不缺席晨练、大课间活动。 2. 空竹达标 24 式。 3. 在某一项体育运动方面有较强的技能，获过相关奖励。 4. 积极参加学校田径运动会并取得一定的成绩。 5. 体育测试成绩优良。	
四	我会电脑操作	1. 养成良好的计算机使用习惯，不沉迷网络。	低年级	1. 能够熟练地启动微机的简单程序。 2. 能够了解信息技术的应用环境及信息的一些表现形式及软件。 3. 养成良好的计算机使用习惯和责任意识。 4. 不沉迷网络游戏。	说明：采取自评、互评、师评、家长评等形式考核，达到各段相对应要求，即可获本年级段兴趣特长证中的第四证"电脑操作证"。参加区级以上竞赛获奖者，可破格获得此证。

序号	一级指标	二级指标	三级指标		考评方法
			年段	具体内容	
		2. 能根据实际需要,利用网络解决问题。	中段	1. 能够在老师的指导下,用电脑进行简单的操作,如绘画、搜索信息等。 2. 能够根据学习、生活需要,初步运用基本软件。 3. 能够养成良好的使用习惯,即使每天坚持接触计算机,也不过度使用。 4. 具有一定的打字速度。 5. 能够利用计算机与朋友、长辈文明沟通交流。	
			高年级	1. 打字速度较快,能够熟练地运用电脑绘画、文字处理,网络应用,多媒体创作等软件。 2. 能够在老师的指导下,利用计算机完成自己的创意作品。 3. 能够保持计算机使用的良好习惯,自觉遵守网络文明的常规,并监督提醒其他同学做到。 4. 能够参加相关竞赛,并获得一定成绩。	
五	我能翩翩起舞	1. 热爱舞蹈艺术,经常参加舞蹈训练。 2. 有一定的舞蹈技能。	低年级	1. 有很强的舞蹈表演意识。 2. 热爱舞蹈艺术,经常参加舞蹈训练。 3. 能完成基本的舞蹈动作,如:绷脚背、压腿、踢腿、抱腿、控腿、下横叉(横劈)、下竖叉(竖劈)、下腰等。	说明:采用自评、互评、师评、现场看表演等形式考核,达到各段相对应要求,即可获本年级段兴趣特长证中的第五证"翩翩起舞证"。参加区级以上表演,或竞赛获奖,多次参加校级大型演出,被师生公认为舞蹈能手者,均可破格获得此证。
			中段	1. 有较好的身体形态,会基本舞姿。 2. 能在所要求的音乐节拍中完成相关的舞蹈动作。 3. 能积极参加学校、班级的各种演出活动。 4. 了解不同种类的舞蹈,擅长某一种舞蹈。	

序号	一级指标	二级指标	三级指标		考评方法
			年段	具体内容	
			高年级	1. 懂一定的舞蹈知识,会区分不同风格特点的舞蹈。 2. 能独立或合作表演一个完整的舞蹈类节目。 3. 能根据音乐节奏自创一段舞蹈动作。 4. 能积极参加各种舞蹈类的演出活动和相关的比赛。	
六	我懂阳春白雪	1. 喜爱音乐,有一定的音乐知识。 2. 擅长一种乐器。	低年级	1. 喜欢上音乐课,认真上音乐课。 2. 能够用自然的声音,有感情地演唱歌曲。 3. 经常参加某一种器乐的训练。 4. 积极参加各种演出活动。	说明:采用自评、互评、师评、现场演唱、观看表演等形式考核,达到各段相对应要求,即可获本年级段兴趣特长证中的第六证"阳春白雪证"。获校园"十佳小歌手"称号或区级以上竞赛获奖者,多次参加校级大型演出,被师生公认为歌唱能手者,均可破格获得此证。
			中段	1. 有自己喜欢的音乐家、歌曲、乐器。 2. 会识五线谱。 3. 有一定的演唱方法与技巧。 4. 能很熟练地演奏一种乐器。	
			高年级	1. 能有感情地演唱不同风格的曲子。 2. 对某一种乐器很擅长,通过一定的等级考试。 3. 了解有关声乐、器乐的知识。 4. 积极参加有关音乐活动,获得过相关奖励。	

　　"四证"评价注重多元化、多角度,注重寻找孩子的优势智能,让每个孩子实现自我,让他们感受到我能行;"四证"评价尊重差异,让每个孩子接纳自己,鼓励每个孩子做最好的自己,让每个孩子超越自己,今天比昨天好,明天比今天强;"四证"评价也注重让孩子在感受温暖的同时,做一个内心温暖的人:温暖自己,温暖同伴,温暖老师,温暖家长,温暖社会,留下温暖的种子,享受人生的美好。

三、 评价方式"多元化"

"多一把尺子,就多一批好学生"。许多好学生是评价的结果,具有怎样的评价观,怎样评价学生,其实也是教师的教育观、价值观、人生观的体现。多元化评价,可以促进学生全面发展、持续发展、自主发展。我校的"四强四证"评价重视学生在评价过程中的主体地位,改变单一由教师评价学生的状况,将教师引导性的评价与学生的自我评价,同伴的相互评价以及家长、社会有关人员评价相结合,注意使学生评价成为管理者、教师、学生、家长共同积极参与的交互活动,也就是落实评价的多元化。

(一) 学生是评价的主角。

有一种爱叫放手,我们的"四证"评价就是这种"爱"的具体体现。我们的课堂评价、活动过程评价、期末评价,学生都是主角。把评价的主导权交还给学生,对学生来说,是一次特别新奇、特别有意思的尝试。也因为评价机制的创新,由传统的教师终结性评价到新型的学生形成性评价,学生的思维被充分调动起来。如课堂教学中,我们尊重学生的多元理解和独特感受,孩子们在思想火花的相互碰撞过程中,即使是平时不爱思考的潜能生的思维也被激活了,所谓"言由心生",孩子的语言也就理所当然地鲜活起来了;又如学校举办的一些活动,"一个都不能少"是我们的宗旨,因此才有"男孩节""女孩节",全校 2 100 多名学生都上台进行了表演,表演的内容大部分是由孩子们自己定的。

如今,我们每月都要进行一次"四证"评选。评选首先由学生根据自身情况,参照《四证评选细则》申报并自评,然后互评、师评、家长评、社会评,最后是全校性每月一次大颁奖,颁发"四证"荣誉证书,并将之放入"四证聚集 温暖记忆"的四证集结册中。我们为每个学生都制作了精美的四证集结册,整个小学阶段的"四证"奖卡都聚集于此。我们还要求学生将四证集结册悬挂家中的大厅或书房,供亲戚朋友参观,提升自豪感。每月的评选和颁奖学生都像过年似的,异常兴奋。为了使评价更接地气,我们结合学校举办的一些大型活动,如"男孩节""女孩节""体育节""英语节""读书节""合唱节""孝敬之星评比""元旦汇演"等,让学生上台一展才艺,增强评价的效果。

这一评价方式改变了评价的主动权牢牢地被班主任掌握的现象，充分调动了学生的主观能动性，让学生成为了评价的主角。

(二) 家长是评价的参与者。

小学生教育更多是处于学校环境和家庭环境之中，要使小学生全面健康地成长，就要架设教师与家长沟通的桥梁。如何才能让老师与家长的沟通更有效，充分调动起家长关心孩子的积极性，使之主动、愉快地配合教师搞好教育工作呢？我们的《四强四证评价体系》就很好地担负起了这一重任。

在对学生的评价中，我们邀请家长、校外辅导员、科任老师、生活老师等共同参与评价。有些项目是教师在学校不容易发现的，评价时就必须与家长沟通。要老师与家长天天联系是不可能的，没有时间，也没有精力。我们就经常利用家长到学校接送孩子的时间向家长了解学生在家中的情况，同时也用现代通信工具为联系创造条件。我们要求每个班主任建立班级微信群、QQ 群，班级中的所有老师把自己的电话号码留给班级中每一位学生的家长，同时还告诉家长与老师最佳的通话时间。我们也同样要求班级中的老师拥有本班所有学生家长的电话号码，以便和家长适时联系，说说孩子最近在学校的表现，了解孩子在家中的一些情况，为学生的教育奠定良好的基础，也作为对学生评价的依据。在每次评价后，我们都及时通知家长参与表彰，尤其是对有进步的学生，还要将相关内容拍成照片发给家长，并叮嘱家长一定要给予表扬和鼓励，期待该生有更大的进步。

因而有家长在微信中说："过去学校教育到底让孩子达到什么要求，我们不清楚，只知道看分数，现在我们就能用'四证'的这些具体标准督促孩子成长！把教育教学的目标和要求也交给家长和学生掌握，这是学校创造性的举措！"

(三) 教师是评价的引路人。

常言道"教子十过，不如奖子一长"，新课程标准也建议：评价应以鼓励、表扬等积极的评价为主，采用激励性的评语，尽量从正面加以引导。然而"好！""你真棒！""你太聪明了！"等赞美之词不绝于耳；"五角星""小红花"以及各类卡通形象作为奖励漫天飞舞。这种整齐划一的学生掌声和"棒，棒，你真棒！"的口号声在课堂上此起彼伏，难免让人觉得"言不由衷"。教师如果总是用那种"放之四海而皆准"的浮泛空洞的语言来评价学生，过分表扬既含糊又夸张，久而久之，学生就会觉得索然寡味，会产生淡漠感。平静地思考一番，就会发现这并不是真正意义上的评价。真正的评价应该是对事实的肯定,对精神的唤醒,对行动的鼓舞。

我们过去日常教学中教师更多关注的是学生知识掌握状况,现在我校教师特别重视的是学生的创新能力和实践能力的培养,以及情感、态度、价值观等方面的考察。我们的教师会注重引导学生,在自我总结的基础上梳理出阶段发展目标,再根据阶段目标完成情况确定下一步的目标,如此循环,提高目标要求。在目标的实施过程中进行评价,教师指导学生把终结性评价与形成性评价结合起来,协助学生收集阶段性达标成果,建立成长档案。这样,评价不再是期末时的一个环节,而是在教师指引下,贯穿于学生整个的发展过程。同时,教师还定期给学生进行回顾与反思的空间,时刻激励学生自省、自律,避免学生只着眼阶段评价的短期效应,而是使之立足于自己的长足发展,确保评价结果的准确性和发展性。

这样一来,就把师生从片面追求成绩的重压下解放了出来。教师集中精力,深入教改和教学科研;学生课业负担减轻,自学能力提高,为全面发展创造了良好的条件。有一名五年级的学生在评价时说:"过去,我们只知道评价就是考试,谁的分数高,谁就是好学生。现在我们明白了学到哪些知识,要有什么能力和品质,怎样才是全面发展,所以学起来有目标,做起来有方向,我也更爱我们的老师和学校!"

总之,通过两个学年的实施,证明我校新的评价体系遵循了学生身心发展的规律,充分发挥了评价的正确导向作用,推动并形成了良好的育人环境,促进了学生的成长,留给了学生温暖的记忆,也得到学生和家长的充分认可,收到较好的成效。

当然,"四证四强"评价体系还不够完善,但我坚信,只要我们以生为本,坚持办温暖教育的理想,一直行走在优秀的路上,就会静听到花开的声音。

(周清菊)

后记

温暖孩子一生

看着《大情境课程：主题设计与创意评价》书稿，我的内心感动着：我们育英国际实验学校"温暖教育"终于有了一个落脚点，终于迈出可贵的一步，获得了可喜的成效！

有人说，常识比知识更重要。常识就是一个人成长过程中相关的知识、态度及价值观。当前，在考试指挥棒下的教育，学生从幼儿园到大学，学到的知识很多，但掌握的常识很少；接受的很多，体验的很少。北大汪丁丁教授曾给过一个命题，即"明天太阳升起"和"明天太阳将不再升起，永远消失"，你会想到什么？基于常识的想象，当"明天太阳升起"的时候，我们可能会想象天气晴朗，空气清新，鸟语花香，清风徐徐等，这是常识带来的，因为我们有过这样无数次的体验。而当"明天太阳将不再升起，永远消失"的时候，我们可以通过抽象的物理、化学知识分析出这个世界将会被冻成粉末，但我们无法感知那样的世界给我们带来的绝望和内心的恐惧，因为这脱离了常识，脱离了体验。因此要多给孩子们常识教育，如果常识泯灭，生活便枯竭了。常识的获得更多是靠体验，体验就是交往、互动、参与、自主及实践。

教育就是唤醒心灵。柏拉图认为"教育非他，乃心灵的转向"。那么教育应该把孩子的心灵转向哪里？可以是知识、才干，但核心是转向爱、善和智慧，一个人的内心充满了爱、善和智慧，他就是一个温暖的人。如果我们培养出来的人都能感受到温暖，然后不断地创造温暖，传递温暖，这个社会和世界就和谐了。我们的教育怎样才能把孩子引向爱、善和智慧呢？关键在于我们的教育工作者要率先垂范，在育人过程中，方向上要不断给孩子们更多的爱、善和智慧的引导，方式上更多留下"暖记忆"。人的记忆是由很多区域的场景记忆构成的，如果教师留给孩子的每个场景记忆都充满爱、善和智慧，这个孩子的记忆中便处处充满温暖，反之就会形成"冷记忆"了。同样，我们的家庭教育和社会教育也应如此。

也许以上两个问题相比于考试所用到的知识，显得"无用"了，或者微不足道，但在人一生的长河中，这些表面上看"无用"的知识和价值观却是真正影响人的一生，这就是"无用知识"的"有用化"。

很庆幸，我们学校力图通过"大情境课程"的设计和实施，给孩子们留下 50 个温暖的场景记忆，让孩子们在体验中感受温暖，做温暖的人，很好地回答了以上两个问题。

本书是学校转型发展的一个小结，也是我们追求理想教育的一个缩影。上海市教育科学研究院杨四耕先生为学校课程研究以及本书出版提供了许多帮助。在此，对成书过程中参与修改指导、提供材料等为课程发展提供帮助的所有人，表示衷心的感谢！

此外，在撰写时，参阅过不少文献资料，引用了其中某些观点、内容，限于篇幅，恕未一一列出，恳请见谅，并致谢忱！

温州育英国际实验学校校长

叶盛富

2019 年 12 月

学校课程发展丛书

数学学科课程群	978 - 7 - 5675 - 9445 - 6	58.00	2019 年 8 月
科学学科课程群	978 - 7 - 5675 - 9593 - 4	34.00	2019 年 9 月
核心素养与课程设计	978 - 7 - 5675 - 9462 - 3	46.00	2019 年 9 月
语文学科课程群	978 - 7 - 5675 - 9441 - 8	56.00	2019 年 9 月
品牌培育与学校课程	978 - 7 - 5675 - 9372 - 5	39.00	2019 年 9 月
英语学科课程群	978 - 7 - 5675 - 9575 - 0	39.00	2019 年 10 月
体艺学科课程群	978 - 7 - 5675 - 9594 - 1	34.00	2019 年 10 月
跨学科课程的 20 个创意设计	978 - 7 - 5675 - 9576 - 7	34.00	2019 年 10 月
学校课程与文化变革	978 - 7 - 5675 - 9343 - 5	52.00	2019 年 10 月

品质课程实验研究丛书

学校课程框架的建构:HOME 课程的旨趣与架构

	978 - 7 - 5675 - 9167 - 7	36.00	2019 年 9 月

聚焦育人目标的课程设计:红棉花季课程的愿景与追求

	978 - 7 - 5675 - 9233 - 9	39.00	2019 年 10 月

核心素养导向的课程设计:花园式课程的文化与聚焦

	978 - 7 - 5675 - 9037 - 3	48.00	2019 年 10 月

学校课程文化的实践脉络:百步梯课程的逻辑与架构

	978 - 7 - 5675 - 9140 - 0	48.00	2019 年 11 月

学校课程发展策略:SMILE 课程的逻辑与深度

	978 - 7 - 5675 - 9302 - 2	46.00	2019 年 12 月

聚焦内涵发展的课程探究:芳香式课程的理念与实施

	978 - 7 - 5675 - 9509 - 5	48.00	2020 年 1 月

以儿童为中心的课程:欢乐谷课程的旨趣与维度

学校课程深度变革丛书

品质课程丛书

课程情愫:学校课程发展的另类维度

978 - 7 - 5675 - 7014 - 6   42.00   2017 年 11 月

突破大杂烩:有逻辑的学校课程变革

978 - 7 - 5675 - 6998 - 0   52.00   2017 年 11 月

课程群:学习的深度聚焦   978 - 7 - 5675 - 6981 - 2   45.00   2017 年 11 月

嵌入式课程:特色课程的路径和方略

978 - 7 - 5675 - 6947 - 8   42.00   2017 年 11 月

特色学校聚焦丛书

每一个孩子都是一棵树   978 - 7 - 5675 - 6978 - 2   28.00   2018 年 1 月

教育不是一个人的事:"众教育"36 条

978 - 7 - 5675 - 7649 - 0   32.00   2018 年 8 月

不一样的生命,一样的精彩   978 - 7 - 5675 - 8675 - 8   34.00   2019 年 3 月

童味正醇:特色学校的文化图谱

978 - 7 - 5675 - 8944 - 5   39.00   2019 年 8 月

特色普通高中课程建设探索

978 - 7 - 5675 - 9574 - 3   34.00   2019 年 10 月

儿童是天生的探索者:360°科学启蒙教育

978 - 7 - 5675 - 9273 - 5   36.00   2020 年 2 月

图书在版编目(CIP)数据

大情境课程：主题设计与创意评价/叶盛富编著. —上海：
华东师范大学出版社，2020
（跨学科课程丛书）
ISBN 978-7-5760-0210-2

Ⅰ.①大… Ⅱ.①叶… Ⅲ.①课程建设－教学研究－小
学 Ⅳ.①G622.3

中国版本图书馆 CIP 数据核字(2020)第 054581 号

跨学科课程丛书
大情境课程：主题设计与创意评价

丛书主编 杨四耕
编　　著 叶盛富
责任编辑 刘　佳　林青荻
特约审读 陈成江
责任校对 邱红穗
装帧设计 卢晓红

出版发行 华东师范大学出版社
社　　址 上海市中山北路 3663 号　邮编 200062
网　　址 www.ecnupress.com.cn
电　　话 021-60821666　行政传真 021-62572105
客服电话 021-62865537　门市(邮购)电话 021-62869887
地　　址 上海市中山北路 3663 号华东师范大学校内先锋路口
网　　店 http://hdsdcbs.tmall.com

印 刷 者 上海书刊印刷有限公司
开　　本 787×1092　16 开
印　　张 14.25
字　　数 198 千字
版　　次 2020 年 5 月第 1 版
印　　次 2020 年 5 月第 1 次
书　　号 ISBN 978-7-5760-0210-2
定　　价 44.00 元

出 版 人 王　焰

(如发现本版图书有印订质量问题，请寄回本社客服中心调换或电话 021-62865537 联系)